JAKOB MICHAEL REINHOLD LENZ

Anmerkungen übers Theater
Shakespeare-Arbeiten
und Shakespeare-Übersetzungen

HERAUSGEGEBEN
VON HANS-GÜNTHER SCHWARZ

PHILIPP RECLAM JUN. STUTTGART

Universal-Bibliothek Nr. 9815

Bibliographisch ergänzte Ausgabe 1995
Gesamtherstellung: Reclam, Ditzingen. Printed in Germany 2001

ISBN 3-15-009815-7

Anmerkungen
übers Theater

nebst

angehängten übersetzten Stück

Shakespears.

Leipzig,

in der Weygandschen Buchhandlung.

1774.

Anmerkungen übers Theater

Diese Schrift ward zwei Jahre vor Erscheinung der Deutschen Art und Kunst[1] und des Götz von Berlichingen in einer Gesellschaft guter Freunde vorgelesen. Da noch manches für die heutige Belliteratur drin sein möchte, das jene beiden Schriften nicht ganz überflüssig gemacht, so teilen wir sie – wenn nicht anders als das erste ungehemmte Räsonnement eines unpartei'schen Dilettanten – unsern Lesern rhapsodienweis mit.

M. H.[2]

Nec minimum meruere decus, vestigia graeca
Ausi deserere – *Horat.*[3]

Der Vorwurf einiger Anmerkungen, die ich für Sie auf dem Herzen habe, soll das Theater sein. Der Wert des Schauspiels ist in unsern Zeiten zu entschieden, als daß ich nötig hätte, wegen dieser Wahl captationem benevolentiae vorauszuschicken, wegen der Art meines Vortrags aber muß ich Sie freilich komplimentieren, da meine gegenwärtige Verfassung und andere zufällige Ursachen mir nicht erlauben, so weit mich über meinen Gegenstand auszubreiten, so tief hineinzudringen, als ich gern wollte. Ich zimmere in meiner Einbildung ein ungeheures Theater, auf dem die berühmtesten Schauspieler alter und neuer Zeiten nun vor unserm Auge vorbeiziehen sollen. Da werden Sie also sehen die großen Meisterstücke Griechenlands von ebenso großen Meistern in

1. »Von deutscher Art und Kunst. Einige fliegende Blätter« (Hamburg 1773). – Goethe bestreitet Lenz' Priorität in »Dichtung und Wahrheit«, 14. Buch.
2. Abkürzung für: Meine Herren.
3. Horaz, Epist. II, 3, 286 f.: »Nichts haben unerprobt unsre Dichter gelassen, haben nicht geringen Ruhm sich erworben, als sie es wagten, die Spuren der Griechen zu verlassen« (Übers. von E. Schäfer).

der Aktion vorgestellt, wenn wir dem Aulus Gellius[4] glauben wollen und andern. Sie werden, wenn Sie belieben, im zweiten Departement gewahr werden die Trauerspiele des Ovids und Seneca, die Lustspiele des Plautus und Terenz und den großen Komödianten Roscius[5], dessen der berühmte Herr Cicero selbst mit vieler Achtung erwähnt. Werden sehen die drei Schauspieler, die sich in eine Rolle teilen, die Larven, die uns Herr du Bos[6] so ausführlich beschreibt, den ganzen furchtbaren Apparatus, und dennoch den alten Römern müssen Gerechtigkeit widerfahren lassen, daß die wesentliche Einrichtung ihrer Bühne und ihr Parterre, das will's Gott aus nichts weniger als der Nation bestand, diese scheinbaren Ausschweifungen von der Natur notwendig machten. Daß aber die Alten ihre Stücke mehr abgesungen als rezitiert, scheint mir aus dem *du Bos* sehr wahrscheinlich, da es sich so ganz natürlich aus dem Ursprung des Schauspiels erklären läßt, als welches anfangs nichts mehr gewesen zu sein scheint, als ein Lobgesang auf den Vater Bacchus von verschiedenen Personen zumal gesungen. Auch würden eines so ungeheuren Parterre unruhige Zuhörer wenig Erbauung gefunden haben, wenn die Akteurs ihren Prinzessinnen zärtliche Sachen vorgelispelt und vorgeschluchst, die sie unter den Masken selbst kaum gehört, wiewohl auch heutiges Tags sich zuzutragen pflegt, geschweige. Doch lassen wir das lateinische Departement, Sie werden im italienischen Helden ohne Mannheit und dergleichen, da aber Orpheus den dreiköpfigten Cerberus selbst durch den Klang seiner Leier dahin gebracht, daß er nicht hat mucksen dürfen, sollte ein Sänger oder Sängerin nicht den grimmigsten Kunstrichter? Ich öffne also das vierte Departement, und da erscheint – ach schöne Spielewerk! da erscheinen die fürchterlichsten Helden des

4. Aulus Gellius, römischer Schriftsteller, 2. Jh. n. Chr., Verfasser der »Noctes Atticae«.

5. Quintus Gallius Roscius, gest. etwa 62 v. Chr., berühmtester römischer Schauspieler seiner Zeit; erwähnt in Ciceros Abhandlung »De oratore« I, 59; II, 57; III, 26.

6. Jean Baptiste Dubos (1670–1742) in seinen »Réflexions critiques sur la poésie, la peinture et sur la musique« (1719).

Altertums, der rasende Oedip[7], in jeder Hand ein Auge, und ein großes Gefolge griechischer Imperatoren, römischer Bürgermeister, Könige und Kaiser, sauber frisiert in Haarbeutel und seidenen Strümpfen, unterhalten ihre Madonnen, deren Reifröcke und weiße Schnupftücher jedem Christenmenschen das Herz brechen müssen, in den galantesten Ausdrücken von der Heftigkeit ihrer Flammen, daß sie sterben, ganz gewiß und unausbleiblich den Geist aufgeben, sich genötigt sehen, falls diese nicht. Ich darf mich hier nicht lange erst besinnen, was für Meister für diese Bühne gearbeitet, große Akteurs auf derselben erschienen, es würde mir beschwerlicher werden, Ihnen die Liste von beiden vorzulegen, als es dem guten Vater Homer mag geworden sein, die griechischen und trojanischen Offiziere herzubeten. Man darf nur die vielen Journäle, Merkure, Ästhetiken mit Pröbchen gespickt – und was die Schauspieler betrifft, so ist der feine Geschmack ihnen überall schon zur andern Natur geworden, über und unter der sie wie in einem andern Klima würden ersticken müssen. In diesem Departement ist Amor Selbstherrscher, alles atmet, seufzt, weint, blutet, ihn und den Lichtputzer ausgenommen ist noch kein Akteur jemals hinter die Kulisse getreten, ohne sich auf dem Theater verliebt zu haben. Laßt uns nun noch die fünfte Kammer besehen, die von dieser die umgekehrte Seite war, obschon es den erleuchteten Zeiten gelungen, auch bis dahin durchzudringen und der höllischen Barbarei zu steuren, die die Dichter vor und unter der Königin Elisabeth daselbst ausgebreitet. Diese Herren hatten sich nicht entblödet, die Natur mutterfadennackt auszuziehen und dem keusch- und züchtigen Publikum darzustellen wie sie Gott erschaffen hat. Auch der häßliche Garrick[8] hört allmählich auf, mit seinem Götzen Shake-

7. Corneilles »Oedipe« (1659) oder Voltaires gleichnamiges Stück, das 1718 in Paris uraufgeführt wurde.

8. David Garrick (1716–79), englischer Schauspieler, dessen Charakterdarstellungen besonders durch Lichtenbergs »Briefe aus England« in Deutschland bekannt wurden. In Herders »Shakespeare«-Aufsatz heißt es: ». . . daß selbst Garrik, der Wiedererwecker und Schutzengel auf seinem Grabe, soviel ändern, auslassen, verstümmeln muß . . .«

spear Wohlstand, Geschmack und Moralität, den drei Grazien des gesellschaftlichen Lebens, den Krieg anzukündigen. Nun und gleich bei lüpfe ich den Vorhang und zeige Ihnen – ja was? ein wunderbares Gemenge alles dessen, was wir bisher gesehen und erwogen haben, und das zu einem Punkt der Vollkommenheit getrieben, den kein unbewaffnetes Auge mehr entdecken kann. Deutsche Sophokles, deutsche Plautus, deutsche Shakespears, deutsche Franzosen, deutsche Metastasio[9], kurz alles was Sie wollen, durch kritische Augengläser angesehen und oft in einer Person vereinigt? Was wollen wir mehr. Wie das alles so durcheinander geht, Clurers[10] orbis antiquus mit der neueren Heraldik, und der Ton im Ganzen so wenig deutsch, so kritisch bebend, geraten schön – wer Ohren hat zu hören, der klatsche, das Volk ist verflucht.

Nachdem ich also fertig bin und Ihnen, so gut ich konnte, die Bühne aller Zeiten und Völker in aller Geschwindigkeit zusammengenagelt, so erlauben Sie mir, m. H. Sie beim Arm zu zupfen und mittlerweile das übrige Parterre mit offnem Mund und gläsernen Augen als Katzen nach dem Taubenschlage zu den Logen hinaufglurt, Ihnen eine müßige Stunde mit Anmerkungen über Theater, über Schauspieler und Schauspiel anzufüllen. Sie werden mir als einem Fremden nicht übelnehmen, daß ich mit einer gewissen Freiheit von den Dingen rede und meine Worte –

Mit Ihrer Erlaubnis werde ich also ein wenig weit ausholen, weil ich solches zu meinem Endzweck – meinem Endzweck? Was meinen Sie aber wohl, das der sei? Es gibt Personen, die ebenso geneigt sind was Neues zu sagen und das einmal Gesagte mit allen Kräften Leibes und der Seele zu verteidigen, als der gröbere Teil des Publikums, der dazu geschaffen ist, ewig Auditorium zu sein, geneigt ist, was Neues zu hören. Da ich hier aber kein solches Publikum – so untersteh

9. Pietro Metastasio (1698–1782), italienischer Dichter, zeitweilig Hofdichter in Wien, bekannt durch seine Opernlibretti.

10. Philipp Cluver (1580–1622), Begründer der historischen Geographie; »orbis antiquus« als Titel nicht belegbar.

ich mich nicht, Ihnen den letzten Endzweck dieser Anmerkungen, das Ziel meiner Parteigänger anzuzeigen. Vielleicht werden Sie, wenn Sie mit mir fortgeritten sind, von selbst drauf stoßen und alsdenn –
Wir alle sind Freunde der Dichtkunst, und das menschliche Geschlecht scheint auf allen bewohnten Flecken dieses Planeten einen gewissen angebornen Sinn für diese Sprache der Götter zu haben. Was sie nun so reizend mache, daß zu allen Zeiten – scheint meinem Bedünken nach nichts anders als die Nachahmung der Natur, das heißt aller der Dinge, die wir um uns herum sehen, hören etcetera, die durch die fünf Tore unsrer Seele in dieselbe hineindringen, und nach Maßgabe des Raums stärkere oder schwächere Besatzung von Begriffen hineinlegen, die denn anfangen in dieser Stadt zu leben und zu weben, sich zueinander gesellen, unter gewisse Hauptbegriffe stellen, oder auch zeitlebens ohne Anführer, Kommando und Ordnung herumschwärmen, wie solches Bunyan[11] in seinem heiligen Kriege gar schön beschrieben hat. Wie besoffene Soldaten oft auf ihrem Posten einschlafen, zu unrechter Zeit wieder aufwachen etcetera, wie man denn Beispiele davon in allen vier Weltteilen antrifft. Doch bald geb ich selbst ein solches ab – ich finde mich wieder zurecht, ich machte die Anmerkung, das Wesen der Poesie sei Nachahmung und was dies für Reiz für uns habe – Wir sind, m. H. oder wollen wenigstens sein, die erste Sprosse auf der Leiter der freihandelnden selbstständigen Geschöpfe, und da wir eine Welt hie da um uns sehen, die der Beweis eines unendlich freihandelnden Wesens ist, so ist der erste Trieb, den wir in unserer Seele fühlen, die Begierde 's ihm nachzutun; da aber die Welt keine Brücken hat, und wir uns schon mit den Dingen, die da sind, begnügen müssen, fühlen wir wenigstens Zuwachs unsrer Existenz, Glückseligkeit, ihm nachzuäffen, seine Schöpfung ins Kleine zu schaffen. Obschon ich nun wegen dieses Grundtriebes nicht nötig hätte mich auf eine Autorität zu berufen, so will ich doch nach der ein-

11. John Bunyan (1628–88), »The Holy War« (1682).

mal eingeführten Weise mich auf die Worte eines großen Kunstrichters mit einem Bart lehnen, eines Kunstrichters, der in meinen Anmerkungen noch manchmal ins Gewehr treten wird. Aristoteles im vierten Buch seiner Poetik: »Es scheint, daß überhaupt zwei natürliche Ursachen zur Poesie Gelegenheit gegeben. Denn es ist dem Menschen von Kindesbeinen an eigen, nachzuahmen. Und in diesem Stück liegt sein Unterscheidungszeichen von den Tieren. Der Mensch ist ein Tier, das vorzüglich geschickt ist, nachzuahmen.« Ein Glück, daß er *vorzüglich* sagt, denn was würde sonst aus den Affen werden?

Ich habe eine große Hochachtung für den Aristoteles, obwohl nicht für seinen Bart, den ich allenfalls mit Peter Ramus[12], dem jedoch der Mutwill übel bekommen ist – Aber da er hier von zwo Quellen redet, aus denen die landüberschwemmende Poesie ihren Ursprung genommen und gleichwohl nur auf die eine mit seinem kleinen krummen Finger deutet, die andere aber unterm Bart behält (obwohl ich Ihnen auch nicht dafür stehe, da ich aufrichtig zu reden, ihn noch nicht ganz durchgelesen) so ist mir ein Gedanke entstanden, der um Erlaubnis bittet, ans Tageslicht zu kommen, denn einen Gedanken bei sich zu behalten und eine glühende Kohle in der Hand –

Erst aber noch eine Autorität. Der berühmte weltberühmte Herr Sterne[13], der sich wohl nichts weniger als Nachahmer vermutet, und weil er das in seine siebente Bitte zu setzen vergessen, deswegen vom Himmel damit scheint vorzüglich gestraft worden zu sein, in seinem Leben und Meinungen sagt im vierzigsten Kapitel: »Die Gabe zu vernünfteln und Syllogismen zu machen, im Menschen – denn die höhern Klassen der Wesen, als die Engel und Geister, wie man mir gesagt hat, tun das durch Anschauen.«

Es ist nur der Unterschied, daß diese zweite Autorität dem,

12. Pierre de la Ramée (1515–72) bekämpfte die aristotelisch-scholastische Philosophie. Er wurde in der Bartholomäusnacht (1572) ermordet.

13. Laurence Sterne (1713–68), »The Life and Opinions of Tristram Shandy Gentleman« (1760–67).

was ich sagen will, vorangeht, und also nach schuldiger Dankbarkeit an den Pfauenschwanz, dem ich diese Feder entwandt, fang und hebe ich also an.
Unsere Seele ist ein Ding, dessen Wirkungen wie die des Körpers sukzessiv sind, eine nach der andern. Woher das komme, das ist – soviel ist gewiß, daß unsere Seele von ganzem Herzen wünscht, weder sukzessiv zu erkennen, noch zu wollen. Wir möchten mit einem Blick durch die innerste Natur aller Wesen dringen, mit einer Empfindung alle Wonne, die in der Natur ist, aufnehmen und mit uns vereinigen. Fragen Sie sich, m. H. wenn Sie mir nicht glauben wollen. Woher die Unruhe, wenn Sie hie und da eine Seite der Erkenntnis beklapst haben, das zitternde Verlangen, das Ganze mit Ihrem Verstande zu umfassen, die lähmende Furcht, wenn Sie zur andern Seite übergehn, werden Sie die erste wieder aus dem Gedächtnis verlieren. Ebenso bei jedem Genuß, woher dieser Sturm, das All zu erfassen, der Überdruß, wenn Ihrer keichenden Sehnsucht kein neuer Gegenstand übrigzubleiben scheint – die Welt wird für Sie arm und Sie schwärmen nach Brücken. Den zitterlichtesten Strahl möcht Ihr Heißhunger bis in die Milchstraße verfolgen, und blendete das erzürnte Schicksal Sie, wie Milton[14] würden Sie sich in Chaos und Nacht Welten wähnen, deren Zugang im Reich der Wirklichkeiten Ihnen versperrt ist.
Schließen Sie die Brust zu, wo mehr als eine Adamsribbe rebellisch wird und kommen wieder hinüber mit mir in die lichten Regionen des Verstandes. Wir suchen alle gern unsere zusammengesetzte Begriffe in einfache zu reduzieren und warum das? weil er sie dann schneller – und mehr zugleich umfassen kann. Aber trostlos wären wir, wenn wir darüber das Anschauen und die Gegenwart dieser Erkenntnisse verlieren sollten, und das immerwährende Bestreben, all unsere gesammleten Begriffe wieder auseinanderzuwickeln und durchzuschauen, sie anschaulich und gegenwärtig zu machen, nehm ich als die zweite Quelle der Poesie an.

14. John Milton (1608–74), Verfasser des »Paradise Lost« (1667), erblindete 1654.

Der Schöpfer hat unserer Seele einen Bleiklumpen angehängt, der wie die Penduln an der Uhr sie durch seine niederziehende Kraft in beständiger Bewegung erhält. Anstatt also mit den Hypochondristen auf diesen sichern Freund zu schimpfen (amicus certus in re incerta[15], denn was für ein Wetterhahn ist unsere Seele?) ist er, hoff ich, ein Kunststück des Schöpfers, all unsere Erkenntnis festzuhalten, bis sie anschaulich geworden ist.
Die Sinne, ja die Sinne – es kommt freilich auf die spezifische Schleifung der Gläser und die spezifische Größe der Projektionstafel an, aber mit alledem, wenn die Camera obscura Ritzen hat –
So weit sind wir nun. Aber eine Erkenntnis kann vollkommen gegenwärtig und anschaulich sein – und ist deswegen doch noch nicht poetisch. Doch dies ist nicht der rechte Zipfel, an dem ich anfassen muß, um –
Wir nennen die Köpfe Genies[16], die alles, was ihnen vorkommt, gleich so durchdringen, durch und durch sehen, daß ihre Erkenntnis denselben Wert, Umfang, Klarheit hat, als ob sie durch Anschaun oder alle sieben Sinne zusammen wäre erworben worden. Legt einem solchen eine Sprache, mathematische Demonstration, verdrehten Charakter, was ihr wollt, eh ihr ausgeredt habt, sitzt das Bild in seiner Seele, mit allen seinen Verhältnissen, Licht, Schatten, Kolorit dazu.
Diese Köpfe werden nun zwar vortreffliche Weltweise was weiß ich, Zergliederer, Kritiker – alle ers – auch vortreffliche Leser von Gedichten abgeben, allein es muß noch was dazukommen, eh sie selbst welche machen, versteh mich wohl, nicht nachmachen. Die Folie, Christlicher Leser! die Folie, was Horaz vivida vis ingenii[17], und wir Begeisterung,

15. Cicero, Laelius 17, 64: »Ein sicherer Freund in einer unsicheren Sache«.
16. Anklänge an Gerstenberg, vgl. »Briefe über Merkwürdigkeiten der Litteratur« (1766–70), 20. Brief.
17. nicht Horaz, sondern Lukrez, De rerum natura I, 72. Das Zitat heißt richtig: »ergo vivida vis animi pervicit . . .« (daher hat die lebendige Kraft seines Geistes gesiegt . . .) und bezieht sich auf Epikurs Naturphilosophie.

Schöpfungskraft, Dichtungsvermögen, oder lieber gar nicht nennen. Den Gegenstand zurückzuspiegeln, das ist der Knoten, die nota diacritica[18] des *poetischen* Genies, deren es nun freilich seit Anfang der Welt mehr als sechstausend soll gegeben haben, die aber auf Belsazers Waage vielleicht bis auf sechs, oder wie Sie wollen –

Denn – und auf dieses Denn sind Sie vielleicht schon ungeduldig, das Vermögen nachzuahmen, ist nicht das, was bei allen Tieren schon im Ansatz – nicht Mechanik – nicht Echo – – nicht was es, um Othem zu sparen, bei unsern Poeten. Der wahre Dichter verbindet nicht in seiner Einbildungskraft, wie es ihm gefällt, was die Herren die schöne Natur zu nennen belieben, was aber mit ihrer Erlaubnis nichts als die verfehlte Natur ist. Er nimmt Standpunkt – und dann *muß er so verbinden.* Man könnte sein Gemälde mit der Sache verwechseln und der Schöpfer sieht auf ihn hinab, wie auf die kleinen Götter, die mit seinem Funken in der Brust auf den Thronen der Erde sitzen und seinem Beispiel gemäß eine kleine Welt erhalten. Wollte sagen – was wollt ich doch sagen? –

Hier lassen Sie uns eine kleine Pause bis zur nächsten Stunde machen, wo ich mit Kolumbus' Schifferjungen auf den Mast klettern, und sehen will, wo es hinausgeht. Noch weiß ich's selber nicht, aber Land wittere ich schon, bewohnt und unbewohnt, ist gleichgültig. Der Parnaß hat noch viel unentdeckte Länder, und willkommen sei mir, Schiffer! der du auch überm Suchen stürbest. Opfer für der Menschen Seligkeit! Märtyrer! Heiliger!

Ich habe in dem ersten Abschnitt meines Versuchs Ihnen, m. H. meine unmaßgebliche Meinung – – mir eine fertige Zunge geben, meine Gedanken geschwind und dennoch mit gehöriger Präzision – Denn ich fürchte sehr, das Jugendfeuer werde die wenige Portion Geduld auflecken, die ich in meinem Temperament finde, und die doch einem Prosaisten, und be-

18. lat., diakritische (unterscheidende) Zeichen.

sonders einem kritischen – In der Tat, da die Kritik mehr eine Beschäftigung des Verstandes als der Einbildungskraft bleibet, so verlangt sie ein großes Maß Phlegma –
Ich habe also bei phlegmatischem Nachdenken über diese zwei Quellen gefunden, daß die letztere die Nachahmung allen schönen Künsten gemein, wie es denn auch Batt[19] – die erste aber, das Anschauen allen Wissenschaften, ohne Unterschied, in gewissem Grade gemein sein sollte. Die Poesie scheint sich dadurch von allen Künsten und Wissenschaften zu unterscheiden, daß sie diese beiden Quellen vereinigt, alles scharf durchdacht, durchforscht, *durchschaut* – und dann in *getreuer* Nachahmung zum andernmal wieder hervorgebracht. Dieses gibt die Poesie der Sachen, jene des Stils. Oder umgekehrt, wie ihr wollt. Der schöne Geist kann das Ding ganz kennen, aber er kann es nicht wieder so getreu von sich geben, alle Striche seines Witzes können's nicht. Darum bleibt er immer nur schöner Geist, und in den Marmorhänden Longin[20], Home[21] (wer will, schreibe seinen Namen hin) wird seine Schale nie zum Dichter hinuntersinken. Doch dies sind so Gedanken neben dem Totenkopf auf der Toilette des Denkers – laßt uns zu unserm Theater umkehren!
Und die Natur des Schauspiels zu entwickeln suchen, aus dieser Untersuchung einige Korollarien ableiten, mit guten Gründen verschanzen, und im dritten Abschnitt wider die Angriffe unsrer Gegner, das heißt, des ganzen feinern Publikums verteidigen, ob wir sie vielleicht dahin vermöchten, die Belagerung in eine Blockade zu verwandeln, weil alsdenn –

19. Charles Batteaux (1713–80), Verfechter der Theorie, daß die Kunst allein die ›schöne Natur‹ nachahmen soll. Hier Anspielung auf »Les beaux arts réduits à un même principe« (1746).
20. Cassius Longinos (um 213 bis 273 n. Chr.), griechischer Rhetor; hier Bezug auf den ihm irrtümlich zugeschriebenen Traktat »Vom Erhabenen«, der im 17. und 18. Jh. die Literaturästhetik beeinflußte.
21. Henry Home, Lord Kames (1696–1728), englischer Philosoph, Einfluß auf Kant und Schiller durch seine »Elements of Criticism« (1762 bis 1765); er wandte sich gegen den französischen Klassizismus und trat für Shakespeare ein.

Daß das Schauspiel eine Nachahmung und folglich einen *Dichter* fodere, wird mir doch wohl nicht bestritten werden. Schon im gemeinen Leben (fragen wir den Pöbel, dessen Witz noch nicht so boshaft ist, Worte umzumünzen) heißt ein geschickter Nachahmer ein guter Komödiant, und wäre das Schauspiel was anders als Nachahmung, es würde seine Schauer bald verlieren. Ich getraue mich, zu behaupten, daß tierische Befriedigungen ausgenommen, es für die menschliche Natur kein einzig Vergnügen gibt, wo nicht Nachahmung mit zum Grunde läge – die Nachahmung der Gottheit mit eingerechnet usw.

Herr Aristoteles selber sagt – –

Es kommt itzt darauf an, was beim Schauspiel eigentlich der Hauptgegenstand der Nachahmung: der Mensch? oder das Schicksal des Menschen? Hier liegt der Knoten, aus dem zwei so verschiedene Gewebe ihren Ursprung genommen, als die Schauspiele der Franzosen (sollen wir der Griechen sagen?) und der ältern Engländer, oder vielmehr überhaupt aller ältern nordischen Nationen sind, die nicht griechisch gesattelt waren.

Hören Sie also die Definition des Aristoteles von der Tragödie, lassen Sie uns hernach die Dreistigkeit haben, unsere zu geben. Ein großes Unternehmen, aber wer kann uns zwingen, Brillen zu brauchen, die nicht nach unserm Auge geschliffen sind.

Er sagt im sechsten Kapitel seiner poetischen Reitkunst: »Es ist also das Trauerspiel die Nachahmung einer *Handlung*, einer guten, vollkommenen und großen Handlung, in einer angenehmen Unterredung, nach der besondern Beschaffenheit der handelnden Personen abgeändert, nicht aber in einer Erzählung.«

Er breitet sich weiter über diese Definition aus. »Und weil das Trauerspiel die Nachahmung einer Handlung ist, die von bestimmten Personen geschiehet, welche notwendig von verschiedener Beschaffenheit sein müssen, sowohl in Ansehung ihrer Sitten, als Gesinnungen, so auch ihre Handlungen von verschiedener Beschaffenheit sind, so ist es natürlich,

daß es zwei Ursachen der Handlungen gebe, die Gesinnungen und die Sitten, und nach Maßgabe dieser müssen die Personen alle entweder glücklich oder unglücklich werden.« Er erklärt sich hernach über diese Ausdrücke, damit er allem Mißverstande vorbeuge. »Sitten sind die Art, mit der jemand handelt. Gesinnungen sind seine Gemütsart und der Ausdruck derselben im Sprechen.« Sie sehen aus dieser Erklärung, daß wir nach unserer modernen dramaturgischen Sprache diese beide Worte in eins zusammenfassen, übersetzen können. Charakter, der kenntliche Umriß eines Menschen auf der Bühne. Er fodert also, daß wir die Fabel des Stücks nach den Charakteren der handelnden Personen einrichten, wie er im neunten Kap. noch deutlicher sich erklärt: »der Dichter solle Begebenheiten nicht vorstellen, wie sie geschehen sind, sondern geschehen sollten.«
Nachdem er nun selbst zugestanden, daß der Charakter der handelnden Personen den Grund ihrer Handlungen, und also auch der Fabel des Stücks enthalte: sollt' es uns fast wundern, daß er in eben diesem Kapitel fortfährt: »Das *Wichtigste* unter allen ist die Zusammensetzung der Begebenheiten. Denn das Trauerspiel ist nicht eine Nachahmung des Menschen, sondern der Handlungen, des Lebens, des Glücks oder Unglücks, denn die Glückseligkeit ist in den Handlungen gegründet, und der Endzweck des Trauerspiels ist eine Handlung, nicht eine Beschaffenheit.« Als ob die Beschaffenheit eines Menschen überhaupt vorgestellt werden könne, ohne ihn in Handlung zu setzen. Er ist dies und das, woran weiß ich es, lieber Freund, woran weißt du es, hast du ihn handeln sehen? Sei es also, daß Drama notwendig die Handlung mit einschließt, um mir die Beschaffenheit anschaulich zu machen: ist darum Handlung der letzte Endzweck, das *Principium*? Er fährt fort: »Sie (die handelnden Personen) sind nach ihren Sitten von einer gewissen Beschaffenheit, nach ihren Handlungen aber glücklich oder unglücklich. Sie sollen also nicht handeln, um ihre Sitten darzustellen, sondern die *Sitten* werden um der *Handlungen* willen mit eingeführt« (Aristoteles konnte nichts anders leh-

ren, nach den Mustern, die er vor sich hatte, und deren Entstehungsart ich unten aus den Religionsmeinungen klar machen will. Eben hier ist die unsichtbare Spitze, auf der alle herrliche Gebäude des griechischen Theaters ruhen: auf der wir aber unmöglich fortbauen können.) »Die Begebenheiten, die Fabel ist also der Endzweck der Tragödie, denn ohne Handlungen würde es keine Tragödie bleiben, wohl aber ohne Sitten.« Ohnmöglich können *wir* ihm hierin recht geben, so sehr er zu seiner Zeit recht gehabt haben mag. Die Erfahrung ist die ewige Atmosphäre des strengen Philosophen, sein Räsonnement kann und darf sich keinen Nagelbreit drüber erheben, sowenig als eine Bombe außer ihrem berechneten Kreise fliegen kann. Da ein eisernes Schicksal die Handlungen der Alten bestimmte und regierte, so konnten sie als solche interessieren, ohne davon den Grund in der menschlichen Seele aufzusuchen und sichtbar zu machen. Wir aber hassen solche Handlungen, von denen wir die Ursache nicht einsehen, und nehmen keinen Teil dran. Daher sehen sich die heutigen Aristoteliker, die bloß Leidenschaften ohne Charakteren malen, (und die ich übrigens in ihrem anderweitigen Wert lassen will) genötigt, *eine* gewisse Psychologie für alle ihre handelnde Personen anzunehmen, aus der sie darnach alle Phänomene ihrer Handlungen so geschickt und ungezwungen ableiten können und die im Grunde mit Erlaubnis dieser Herren nichts als *ihre eigene* Psychologie ist. Wo bleibt aber da der Dichter, christlicher Leser! wo bleibt die Folie? Große Philosophen mögen diese Herren immer sein, große allgemeine Menschenkenntnis, Gesetze der menschlichen Seele Kenntnis, aber wo bleibt die *individuelle*? Wo die unekle, immer gleich glänzende, rückspiegelnde, sie mag im Totengräberbusen forschen oder unterm Reifrock der Königin? Was ist Grandison[22], der abstrahierte geträumte, gegen einen Rebhuhn[23], der da steht? Für den mittelmäßigen

22. Titelheld aus Samuel Richardsons (1689–1761) Roman »Sir Charles Grandison« (1754).

23. Schulmeister Partridge in Henry Fieldings (1707–54) Roman »Tom Jones« (1749).

Teil des Publikums wird Rousseau (der göttliche Rousseau selbst –) unendlichen Reiz mehr haben, wenn er die feinsten Adern der Leidenschaften seines Busens entblößt und seine Leser mit Sachen anschaulich vertraut macht, die sie alle vorhin schon dunkel fühlten, ohne Rechenschaft davon geben zu können, aber das Genie wird ihn da schätzen, wo er aus den Schlingen und Graziengewebe der feinern Welt Charaktere zu *retten* weiß, die nun freilich doch oft wie Simson ihre Stärke in dem Schoß der Dame lassen.

Wir wollen unsern Aristoteles weiter hören: »Die Trauerspiele der meisten Neuern sind ohne Sitten, es bleiben darum ihre Verfasser immer Dichter« (in unsern Zeiten durchaus nicht mehr, Handlungen und Schicksale sind erschöpft, die konventionellen Charaktere, die konventionellen Psychologien, da stehen wir und müssen immer Kohl wärmen, ich danke für die Dichter). Er führt das Beispiel zweier Maler, des Zeuxis und Polygnotus. Ich will diese Stelle übergehen und meine Paradoxe nicht auf alle schöne Künste – doch einen Seitenblick – nach meiner Empfindung schätz ich den charakteristischen, selbst den Karikaturmaler zehnmal höher als den idealischen, hyperbolisch gesprochen, denn es gehört zehnmal mehr dazu, eine Figur mit eben der Genauigkeit und Wahrheit darzustellen, mit der das Genie sie erkennt, als zehn Jahre an einem Ideal der Schönheit zu zirkeln, das endlich doch nur in dem Hirn des Künstlers, der es hervorgebracht, ein solches ist. In der Morgenzeit der Welt war's was anders, Zeuxis arbeitete, um uns Kritiker und Geschmack zu bilden, Apelles'[24] Kohle, von einem göttlichen Feuer geleitet, schuf wie Gott um ihr selbst willen. Die Idee der Schönheit muß bei unsern Dichtern ihr ganzes Wesen durchdrungen haben – denn fort mit dem rohen Nachahmer, der nie an diesem Strahl sich gewärmet hat, auf Thespis' Karre – aber sie muß nie ihre Hand führen oder zurückhalten, oder der Dichter wird – was er will, Witzling, Pillenversilberer, Bettwärmer, Brustzuckerbäcker, nur nicht Dar-

24. Griechischer Maler und Freund Alexanders des Großen.

steller, Dichter, Schöpfer –
Aristoteles: »Ein Zeichen für die Wahrheit des Satzes, daß die Fabel, die Ver- und Entwickelung der Begebenheiten in der Tragödie am meisten gefalle, ist, weil die, so sich an die Poesie wagen, weit eher in Ansehung der Diktion und Charaktere fürtrefflich sind als in der Zusammensetzung der Begebenheiten, wie fast an all unsern ersten Dichtern zu sehen« dies will nichts sagen. Dictione et moribus[25] soll gar in einer Klasse nicht stehen. Es ist hier nicht die Rede von hingekleckten Charakteren, von denen all unsere bärtige und unbärtige Schulübungen so voll; wo bei einer schwimmenden ungefähren Ähnlichkeit des Zuschauers Phantasei das Beste tun muß – selbst nicht von dem famam sequere sibi convenientia finge[26] des Horaz, noch von seinem servetur ad imum[27], was das Journal Encyclopédique[28] soutenir les caractères nennt – es ist die Rede von Charakteren, die sich ihre Begebenheiten erschaffen, die selbständig und unveränderlich die ganze große Maschine selbst drehen, ohne die Gottheiten in den Wolken anders nötig zu haben, als wenn sie wollen zu Zuschauern, nicht von Bildern, von Marionettenpuppen – von Menschen. Ha aber freilich dazu gehört Gesichtspunkt, Blick der Gottheit in die Welt, den die Alten nicht haben konnten, und wir zu unserer Schande nicht haben wollen. Er fährt fort, wie er denn nicht anders konnte: »Die Fabel also ist der Grund, (Principium) und gleichsam die Seele der Tragödie, das zweite aber sind die Sitten. Es ist wie in der Malerei, wenn einer mit den schönsten Farben

25. lat., (in) Diktion und Charaktere(n).
26. verkürzt wiedergegebenes Zitat aus Horaz, Epistola ad Pisones (über die Dichtkunst), 119: »aut famam sequere aut tibi convenientia finge scriptor« (Entweder folge der Sage oder erdichte, was in sich übereinstimmt, Schriftsteller).
27. ebenfalls aus Horaz, Epistola ad Pisones, 126. Die vollständige Textstelle lautet: »Falls du Unbekanntes auf die Bühne bringst und es wagst, eine neue Person zu gestalten, *so bleibe sie bis zum Ende*, wie sie anfangs auftrat, und stimme mit sich selbst überein.«
28. vermutlich die von Diderot und d'Alembert herausgegebene »Encyclopédie« (1751–72). Das Zitat heißt wörtlich übertragen: »die Charaktere stützen«.

das Papier beschmierte, würde er lange so nicht ergetzen, als einer, der ein Bild drauf hinzeichnet.) (Er vergleicht also die Fabel mit der Zeichnung, die Charaktere mit dem Kolorit??) Es ist aber das Trauerspiel die Nachahmung einer Handlung, und durch diese Handlung auch der handelnden Personen.« Umgekehrt wird –

Was er von den Sentiments der Diktion der Melopöie der Dekoration – können wir hier unmöglich aufnehmen, wenn wir uns nicht zu einem Traktat ausdehnen wollen. Wir haben es eigentlich mit seinem dramatischen Principium, mit der Basis seines kunstrichterlichen Gebäudes unternommen, weil wir doch die Ursache anzeigen müssen, warum wir so halsstarrig sind, auf demselben nicht fortzubauen. Gehen über zum Fundament des Shakespearischen unsers Landsmanns, wollen sehen, ob die Wunder, so er auf jeden gesunden Kopf und unverderbtes Herz tut, wirklich einem je ne sais quoi[29] der erleuchtetsten Kunstrichter, einem Ohngefähr, vielleicht einem Planeten, vielleicht gar einem Kometen zuzuschreiben sind, weil er nichts vom Aristoteles gewußt zu haben – Und zum Henker hat denn die Natur den Aristoteles um Rat gefragt, wenn sie ein Genie?

Auf eins seiner Fundamentalgesetze muß ich noch zurückschießen, das so viel Lärm gemacht, bloß weil es so klein ist, und das ist die so erschröckliche jämmerlichberühmte Bulle von den drei Einheiten. Und was heißen denn nun drei Einheiten, meine Lieben? Ist es nicht die *eine*, die wir bei allen Gegenständen der Erkenntnis suchen, die eine, die uns den Gesichtspunkt gibt, aus dem wir das Ganze umfangen und überschauen können? Was wollen wir mehr, oder was wollen wir weniger? Ist es den Herren beliebig, sich in dem Verhältnis eines Hauses und eines Tages einzuschränken, in Gottes Namen, behalten Sie Ihre *Familien*stücke, Miniaturgemälde, und lassen uns unsere Welt. Kommt es Ihnen so sehr auf den Ort an, von dem Sie sich nicht bewegen möchten, um dem Dichter zu folgen: wie denn, daß Sie sich nicht

29. frz. Redensart: ich weiß nicht was.

den Ruhepunkt Archimeds wählen: da mihi figere pedem et terram movebo?[30] Welch ein größer und göttlicher Vergnügen, die Bewegung einer Welt, als eines Hauses? und welche Wohltat des Genies, Sie auf die Höhe zu führen, wo Sie einer Schlacht mit all ihrem Getümmel, Jammern und Grauen zusehen können, ohne Ihr eigen Leben, Gemütsruhe, und Behagen hineinzuflechten, ohne auf dieser grausamen Szene Akteur zu sein. Liebe Herren! was sollen wir mehr tun, daß ihr selig werdet? wie kann man's euch bequemer machen? Nur zuschauen, ruhen und zuschauen, mehr fodern wir nicht, warum wollt ihr denn nicht auf diesem Stern stehen bleiben, und in die Welt 'nabgucken, aus kindischer Furcht den Hals zu brechen?

Was heißen die drei Einheiten? hundert Einheiten will ich euch angeben, die alle immer doch die *eine* bleiben. Einheit der Nation, Einheit der Sprache, Einheit der Religion, Einheit der Sitten – ja was wird's denn nun? Immer dasselbe, immer und ewig dasselbe. Der Dichter und das Publikum müssen die eine Einheit fühlen aber nicht klassifizieren. Gott ist nur Eins in allen seinen Werken, und der Dichter muß es auch sein, wie groß oder klein sein Wirkungskreis auch immer sein mag. Aber fort mit dem Schulmeister, der mit seinem Stäbchen einem Gott auf die Finger schlägt.

Aristoteles. Die Einheit der Handlung. Fabula autem est una, non ut aliqui putant, si circa unum sit.[31] Er sondert immer die Handlung von der handelnden Hauptperson ab, die bongré malgré[32] in die gegebene Fabel hineinpassen muß, wie ein Schiffstau in ein Nadelöhr. Unten mehr davon, bei den alten Griechen war's die Handlung, die sich das Volk zu sehen versammlete. Bei uns ist's die Reihe von Handlungen, die wie Donnerschläge aufeinanderfolgen, eine die andere

30. Zitat nach Plutarch, Marcellus 13, 7: »Gib mir einen festen Standpunkt und ich werde die Erde bewegen.«
31. Poetik 8, 1: »Der Mythos ist eine Einheit nicht dann (wie einige meinen), wenn er sich um einen einzigen Helden dreht« (Übers. von O. Gigon).
32. frz., ob sie (die Hauptperson) will oder nicht.

stützen und heben, in ein großes Ganze zusammenfließen müssen, das hernach nichts mehr und nichts minder ausmacht, als die Hauptperson, wie sie in der ganzen Gruppe ihrer Mithändler hervorsticht. Bei uns also fabula est una si circa unum sit. Was können wir dafür, daß wir an abgerissenen Handlungen kein Vergnügen mehr finden, sondern alt genug worden sind, ein Ganzes zu wünschen? daß wir den Menschen sehen wollen, wo jene nur das unwandelbare Schicksal und seine geheimen Einflüsse sahen. Oder scheuen Sie sich, meine Herren! einen Menschen zu sehen?

Einheit des Orts – oder möchten lieber sagen, Einheit des Chors, denn was war es anders? Kommen doch auf dem griechischen Theater die Leute wie gerufen und gebeten herbei, und kein Mensch stößt sich daran. Weil wir uns freuen, daß sie nur da sind – weil das Chor dafür dasteht, daß sie kommen sollen, und sich das im Kopf eines Freundes geschwind zusammenreimt, was wohl die causa prima und remotior[33] der Ankunft seines Freundes sein möchte, wenn er ihn eben in seinen Armen drückt.

Einheit der Zeit, worin Aristoteles gar den wesentlichen Unterscheid des Trauerspiels von der Epopee setzt. Am Ende des 5ten Kapitels: »Die Epopee ist also bis auf den Punkt mit der Tragödie eins, daß jede eine Nachahmung edler Handlungen mittelst einer Rede ist. Darin aber unterschieden, daß jene ein einfaches Metrum und als eine Erzählung lang fortgeht, diese aber, wenn es möglich, nur den Umlauf einer Sonne in sich schließt, da die Epopee von unbestimmter Zeit ist.« Sind denn aber zehn Jahr, die der Trojanische Krieg währte, nicht eben so gut bestimmte Zeit als unus solis ambitus?[34] Wo hinaus, lieber Kunstrichter, mit dieser differentia specifica?[35] Es springt ja in die Augen, daß in der Epopee der Dichter selbst auftritt, im Schauspiele aber seine

33. lat., die nächstliegende und die entferntere Ursache.

34. lat., ein einziger Umlauf der Sonne (ein Tag); vgl. Aristoteles, Poetik 5, 7.

35. lat., besondere Unterscheidung (ein in der Schullogik gebräuchlicher Ausdruck).

Helden. Warum sondern wir denn das Wort vorstellen, das einzige Prädikat zu diesem Subjekt, von der Tragödie ab, die Tragödie stellt vor, das Heldengedicht erzählt: aber freilich in unsern heutigen Tragödien wird nicht mehr vorgestellt.

Wenn wir das Schicksal des Genies betrachten (ich rede von Schriftstellern) so ist es unter aller Erdensöhne ihrem das bängste, das traurigste. Ich rede ehrlich, von den größesten Produkten alter und neuer Zeiten. Wer liest sie? wer genießt sie? – Wer verdaut sie? Fühlt das, was sie fühlte? Folgt der unsichtbaren Kette, die ihre ganze große Maschine in eins schlingt, ohne sie einmal fahren zu lassen? Welches Genie liest das andere so? – Mitten im hellesten Anschaun der Zaubermächte des andern und ihren Wirkungen und Stößen auf sein Herz, dringen Millionen unberufene Gedanken – dein Blatt Kritik – dein unvollendeter Roman – dein Brief – oft bis auf die Wäsche hinunter – weg sind die süßen Illusionen, da zappelt er wieder auf dem Sande, der vor einem Augenblicke im Meere von Wollust dahin schwamm. Und wenn das Genie so liest ὦ πόποι[36] wie liest der Philister denn? Wo ist da lebendige Vorstellung der tausend großen Einzelheiten, ihrer Verbindungen, ihres göttlichen ganzen Eindrucks? Was kann der Epopeendichter tun, unsere Aufmerksamkeit festzuhalten, an seine Galeere anzuschmieden und dann mit ihr 'von zu fahren? Einen Vorrat von Witz verschütten, der sich tausendmal erschöpft (siehe Fielding und andere) oder wie Homer, blind das Publikum verachten und für sich selber singen? Der Schauspieldichter hat's besser, wenn das Schicksal seine Wünsche erhören wollte. Schlimmer, wenn es sie nur halb erhört. Werd ich gelesen und der Kopf ist so krank oder so klein, daß alle meine Pinselzüge unwahrgenommen vorbeischwimmen, geschweige in ein Gemälde zusammenfließen – Trost! ich wollte nicht gelesen werden. Angeschaut. Werd ich aber vorgestellt und verfehlt – so möcht ich Palett' und Farben ins

36. svw. »o weh!«, griechischer Klageruf.

Feuer schmeißen, weit inniger betroffen, als wenn eine Betschwestergesellschaft mich zum Bösewicht afterredet. Bin ich denn ein Bösewicht? Und bin ich denn – und schlag in die Hände – was ihr aus mir machen wollt?

Aber wie gewinnen könnte ich (sagt der Künstler) o welch ein herrlicherer Dank? welch eine seligere Belohnung aller Mühe, Furcht und Leiden, wie gar nichts Ehrensäulen und Pensionen dagegen, zu denen der Künstler nie den Weg hat wissen wollen – als meine Ideen lebendig gemacht, realisiert zu sehen. Zu sehen das Ganze und seine Wirkung wie ich es dachte – o ihr Beförderer der Künste! ihr Mäcenen! ihr Auguste! non saginandi[37] – nur Platz, unser Schauspiel aufzuführen und ihr sollt Zuschauer sein. Euer ganzes Volk. Da ihr im Angesichte eures ganzen Volks auf dem Theater der Welt eure Rollen spielen müßt und sich der Nachruhm nicht bestechen läßt – wo wollt ihr euch verewigen als hier? Horaz schlug das carmen lyricum vor, aber siehe, ich sage euch, euer Ruhm stirbt mit seinem Schall, bleibt selber nur Schall, nie in Anschauen, nie in Bewegungen des Herzens verwandelt. Cäsar ist in Rom so nie bedauert worden, als unter den Händen Shakespears.

Wir sehen also, was der dramatische Dichter vor dem epischen gewinnt, wie kürzern Weg zum Ziel, sein großes Bild lebendig zu machen, wenn er nur sichere Hand hat, in der Puls der Natur schlägt, vom göttlichen Genius geführt. Richter der Lebendigen und der Toten. – Er braucht die Sinne nicht mit Witz und Flittern zu fesseln, das tut der Dekorationenmaler für ihn, aller Kunstgriffe überhoben, schon eingeschattet von dem magischen Licht, auf das jener so viel Kosten verschwendet, führt er uns dahin, wo er wollte, ohne andern Aufwand zu machen, als was er so gern aufwendet, sein Genie. Hundert Sachen setzt er zum voraus, die ich hier nicht nennen mag – und wie höher muß er fliegen! Ach mir, daß ich die Geheimnisse unserer Kunst verraten muß, den

37. Zitat aus Dubos, Reflexions critiques II, S. 108: »Equi et Poetae alendi sunt, non saginandi« (Pferde und Dichter soll man ernähren, aber nicht mästen).

Flor wegziehen, der ihren Reiz so schön und schamhaft in seine Falten zurückbarg und doch vielleicht noch zu wenig verraten habe. Heutzutage, da man genießen will, ohne das Maul aufzutun, muß Venus Urania selbst zur Kokette werden – fort! Rache!

Da wir am Fundament des aristotelischen Schauspiels ein wenig gebrochen und mit Recht befürchten müssen – so wollen wir's am andern Ende versuchen, auf das Dach des französischen Gebäudes klettern und unsere gesunde Vernunft und Empfindung fragen.

Was haben uns die Primaner aus den Jesuiterkollegien geliefert? Meister? Wir wollen doch sehen. Die Italiener hatten einen Dante, die Engelländer Shakespearn, die Deutschen Klopstock, welche das Theater schon aus ihrem eigenen Gesichtspunkt ansahen, nicht durch Aristoteles' Prisma. Kein Naserümpfen, daß Dantens Epopee hier vorkommt, ich sehe überall Theater drin, bewegliches, Himmel und Hölle, den Mönchszeiten analog. Da keine Einschränkungen von Ort und Zeit, und freilich, wenn man uns auf der Erde keinen Platz vergönnen will, müssen wir wohl in der Hölle spielen. Was Shakespear und Klopstock in seinem Bardiet getan, wissen wir alle, die Franzosen aber erschrecken vor allem solchen Unsinn, wie Voltaire wider den La Motte[38], der im halben Rausch was herlallt, von dem er selbst nicht Rechenschaft zu geben weiß: Les Français sont les premiers qui ont fait revivre ces sages règles de Théâtre, les autres peuples – Mais comme ce joug était juste et que la raison triomphe enfin de tout –

Man braucht nicht lange zu beweisen, daß die französischen Schauspiele den Regeln des Aristoteles entsprechen, sie haben sie bis zu einem Punkt hinausgetrieben, der jedem Mann von

38. Antoine Houdart de la Motte (1672–1731), Gegner des französischen Klassizismus. Voltaire polemisiert gegen ihn im Vorwort zu »Oedipe« (Préface de l'édition de 1729), aus dem Lenz die Anfangssätze zitiert: »Die Franzosen sind die ersten, die die gelehrten Theaterregeln wiederbelebt haben; die andern Völker – Aber da dieses Joch richtig war und die Vernunft schließlich über alles triumphiert –«.

gesunder Empfindung Herzensangst verursacht. Es gibt nirgend in der Welt so grübelnde Beobachter der drei Einheiten: der willkürliche Knoten der Handlung ist von den französischen Garnwebern zu einer solchen Vollkommenheit bearbeitet worden, daß man ihren Witz in der Tat bewundern muß, als welcher die simpelsten und natürlichsten Begebenheiten auf so seltsame Arten zu verwirren weiß, daß noch nie eine gute Komödie außer Landes ist geschrieben worden, die nicht von funfzigen ihrer besten Köpfe immer wieder in veränderter Gestalt wäre vorgezeigt worden. Sie setzen, wie Aristoteles, den ganzen Unterscheid des Schauspiels darin, daß es vierundzwanzig Stunden währt und suavi sermone[39], siehe seine Definition. Das Erzählen im Trauerspiel und in der Epopee ist ihnen gleichgültig und sie machen mit dem Aristoteles die Charaktere nicht nur zur Nebensache, sondern wollen sie auch, wie Madame Dacier[40] gar schön auseinandergesetzt hat, gar nicht einmal im Trauerspiele leiden. Ein Unglück, daß die gute Frau bei Charakteren sich immer Masken und Fratzen dachte, aber wer kann davor?

Wenn also die französischen Schauspiele größtenteils nach den Regeln des Aristoteles – und seiner Ausleger zugeschnitten sind – wenn wir vorhin bei der Theorie zu murren fanden, und bei der Ausübung hier gar – – was bleibt uns übrig? Was, als die Natur Baumeisterin sein zu lassen, wie Vergil die Dido beschreibt.

Talis erat Dido, talem se laeta ferebat
Per medios, instans operi regnisque futuris.
Tum foribus divae media testudine templi
Saepta armis, solioque alte subnixa resedit
Iura dabat, legesque viris, operumque laborem
Partibus aequabat iustis –[41]

39. lat., in angenehmer, süßer Rede.
40. Anne Dacier (1654–1720), Übersetzerin antiker Autoren. Lenz bezieht sich auf die Vorrede zu ihrer Terenz-Ausgabe, in der sie sich gegen die Aristotelische Auffassung vom Charakter wendet.
41. Vergil, Aeneis I, 503 ff.:

Ist's nicht an dem, daß Sie in allen französischen Schauspielen (wie in den Romanen) eine gewisse Ähnlichkeit der Fabel gewahr werden, welche, wenn man viel gelesen oder gesehn hat, unbeschreiblich ekelhaft wird. Ein offenbarer Beweis des Handwerks. Denn die Natur ist in allen ihren Wirkungen mannigfaltig, das Handwerk aber einfach, und Atem der Natur und Funke des Genies ist's, das noch unterweilen zu unserm Trost uns durch eine kleine Abwechselung entschädigt. Fürchte nicht, liebes Publikum, wenn du die Dämme so hoch aufziehst, die Grenzen so weit steckst, von Dichterlingen überschwemmt zu werden. Sie lieben das freie Feld nicht, sie befinden sich besser hinter den Außenwerken des Handwerks. Es ist keine Kleinigkeit, Schlingen für die Herzen auszuwerfen, alle die tausend Köpfe wegzuzaubern und willig zu machen uns zu folgen. Die französischen Intrigen, deren sie ganze Kramläden voll haben, die sie verändern, bereichern, zusammenflicken wie die Moden, werden sie nicht von Tage zu Tage uninteressanter, abgeschmackter? Es geht ihren Schauspieldichtern wie den lustigen Räten in Gesellschaften, die in der ersten halben Stunde erträglich, in der zweiten sich selbst wiederholen, in der dritten von niemand mehr gehört werden als von sich selbst. Hab ich doch letzt eine lange Komödie gesehen, die nur auf einem Wortspiel drehte. Ja wenn solche trifles light as air[42] von einem Shakespear behandelt werden, aber wenn die Intrige das Wesen des Stücks ausmacht, und die Verwirrung besteht in einem Wort, so ist das ganze Stück so viel wert – als ein Wortspiel. Woher aber diese schimmernde Armut? Der Witz eines Shakespears erschöpft sich nie und hätt er noch so viel

So war Dido zu schaun, so trat sie mit fröhlichem Antlitz
Durch das Gedräng', antreibend das Werk und die künftige Herrschaft. –
Jetzt an der Pforte der Göttin, bedeckt vom Gewölbe des Tempels,
Saß sie, mit Waffen umschart auf des Thrones hochtragendem Sessel. –
Urteil sprach sie den Männern und Recht; und die Mühe der Arbeit
Teilte sie gleich, entweder nach Billigkeit . . .

(Übers. von J. H. Voß).

42. Othello III, 3, V. 326: »Kleinigkeiten, leicht wie Luft«.

Schauspiele geschrieben. Sie kommt – erlauben Sie mir's zu sagen ihr Herren Aristoteliker! – sie kommt aus der Ähnlichkeit der handelnden Personen, partium agentium, die Mannigfaltigkeit der Charaktere und Psychologien ist die Fundgrube der Natur, hier allein schlägt die Wünschelrute des Genies an. Und sie allein bestimmt die unendliche Mannigfaltigkeit der Handlungen und Begebenheiten in der Welt. Nur ein Alexander und nach ihm keiner mehr, und alle Wut der Parallelköpfe und Parallelbiographen wird es dahin nicht bringen, eine vollkommen getreue Kopie von ihm aufzuweisen. Selbst die Parallelensucht verrät die Leute und macht einen besondern Bestimmungsgrund ihrer Individualität.

Es ist keine Kalumnie (ob in den Gesellschaften laß ich unentschieden) daß die Franzosen auf der Szene keine Charaktere haben. Ihre Helden, Heldinnen, Bürger, Bürgerinnen, alle ein Gesicht, eine Art zu denken, also auch eine große Einförmigkeit in den Handlungen. Geeinzelte Karikaturzüge in den Lustspielen geben noch keine Umrisse von Charaktern, personifizierte Gemeinplätze über den Geiz noch keine Personen, ein kützlichtes Mädchen und ein Knabe, die allenfalls ihre Rollen umwechseln könnten, noch keine Liebhaber. Ich suchte Trost in den sogenannten Charakterstücken, allein ich fand so viel Ähnlichkeit mit der Natur (und noch weniger) als bei den Charaktermasken auf einem Ball.

Ihr ganzer Vorzug bliebe also der Bau der Fabel, die willkürliche Zusammensetzung der Begebenheiten, zu welcher Schilderei der Dichter seine eigene Gemütsverfassung als den Grund unterlegt. Sein ganzes Schauspiel (ich rede hier von Meisterstücken) wird also nicht ein Gemälde der Natur, sondern seiner eigenen Seele. Und da haben wir oft nicht die beste Aussicht zu hoffen. Ist etwas Saft in ihm, so finden wir doch bei jeder Marionettenpuppe, die er herhüpfen und mit dem Kopf nicken läßt, seinen Witz, seine Anspielungen, seine Leidenschaften und seinen Blick. Nur in einen willkürlichen Tanz komponiert, den sie alle eins nach dem andern abtanzen und hernach sich gehorsamst empfehlen. Welcher

Tanz wie die Contretänze so oft wieder von neuem verwirrt, verschlungen, verzettelt wird, daß zuletzt Tänzer und Zuschauer die Geduld verlieren. Oder ist der Kopf des Dichters schon ausgetrocknet, so stoppelt er Schulbrocken aus dem Lucan und Seneca zusammen, oder leiht vom Euripides und Plautus, die wenigstens gelehrtes Verdienst haben, und bringt das in schöne fließende Verse, suavi sermone[43]. Oder fehlt es ihm an allem, so nimmt er seine Zuflucht zu dem – französischen Charakter, welcher nur einer – und eigentlich das summum oder maximum aller menschlichen Charaktere ist. Macht seinen Helden äußerst verliebt, äußerst großmütig, äußerst zornig, alles zusammen und alles auf einmal, diesen Charakter studieren alle ihre Dichter und Schauspieler unablässig und streichen ihn wie das Rouge auf alle Gesichter ohne Ansehen der Person.

Ich sage, der Dichter malt das ganze Stück auf seinem eigenen Charakter (denn der eben angeführte Fall ereignet sich eigentlich nur bei denen, die selbst gar keinen Fond, keinen Charakter haben). So sind Voltairens Helden fast lauter tolerante Freigeister, Corneillens lauter Senecas. Die ganze Welt nimmt den Ton ihrer Wünsche an, selbst Rousseau in seiner Héloïse, das beste Buch, das jemals mit französischen Lettern ist abgedruckt worden, ist davon nicht ausgenommen. So sehr er abändert, so geschickt er sich hinter die Personen zu verstecken weiß, die er auftreten läßt, so guckt doch immer, ich kann es nicht leugnen, etwas von seiner Perücke hervor, und das wünscht' ich weg, um mich ganz in seine Welt hineinzutäuschen, in dem Palast der Armide[44] Nektar zu schlürfen. Doch das im Vorbeigehen, zum Theater zurück. Voltaire selbst hat eingesehen, daß einer willkürlich zusammengesetzten Fabel, die nur in den Wünschen des Dichters (oft in seiner Gebärerinangst und Autorsucht) nicht in den Charakteren den Grund hat, das Reizende und Anziehende fehle, das uns auch nach befriedigter Neugierde

43. Vgl. Anm. 39.

44. Tasso, Gerusalemme Liberata (1581), 14. Gesang, wo Rinaldo von der Zauberin Armide festgehalten wird.

beim zweiten Anblick unterhalten und nähren kann, er sucht also dieses wie eine geschickte Kokette durch äußern Putz zu erhalten. Die Diktion, die Symmetrie und Harmonie des Verses, der Reim selbst, für den er fast zum Märtyrer wird. Pradon[45] und Racine hatten eine Phädra geschrieben. La conduite de ces deux ouvrages, sagt er, est à-peu-près la même. Il y a plus: les personnages des deux pièces se trouvent dans les mêmes situations, disent presque les mêmes choses; mais c'est là qu'on distingue le grand homme et le mauvais poëte, c'est lorsque Racine et Pradon pensent de même, qu'ils sont le plus différents.[46] Merken Sie wohl, Racine et Pradon. Hier steht also nur Racine auf der Bühne und dort nur Pradon. Aber haben wir denn die beiden Herren hervorgerufen? Sie hätten immer warten können, bis das Stück zu Ende war.

Zugegeben, daß bei einer mäßigen Portion allgemeiner Kenntnis des menschlichen Herzens diese Zunft auch Leidenschaften, etwas mehr als Neugier zu erregen wüßte, da doch gemeinhin die warme Einbildungskraft des Zuschauers bei den schön aufgeputzten Worten wie beim Putz einer Hure das Beste dazutun muß – untersuchen Sie sich, meine Herren! wenn Sie aus dem Schauspielhause fortgehen, was ist das Residuum davon in Ihrer Brust? Dampf, der verraucht, sobald er an die Luft kommt. Sie merkten dem Dichter das Kunststück ab, Sie sahen ihm auf die Finger, es ist doch nur eine Komödie, sagen Sie und wer war die in der zweiten Loge? Was gilt's, Sie greifen sich gar an Kopf, wenn Sie aufmerksam zugesehen haben, und ich sage Ihnen im Vertrauen, daß ein solches Stück in vollem Ernst den Kopf des Zuschauers mehr angreift als den Kopf des Komödianten und Poe-

45. Nicolas Pradon (1632–98), Verfasser eines Dramas »Phèdre et Hippolyte«, das 1677 im Wettstreit mit Racines »Phèdre« aufgeführt wurde.
46. Mariamne, Préface de la première édition (1730): »Die Anlage der beiden Werke . . . ist fast gleich. Mehr noch: die Personen der beiden Stücke befinden sich in denselben Situationen, sagen fast dasselbe; aber man unterscheidet den großen Menschen und den schlechten Dichter gerade hier: wenn Racine und Pradon beide gleich denken, sind sie doch am verschiedensten.«

ten zusammengenommen. Denn er muß das hinzudenken, was –

Ja wenn noch hinter jedem Stück der Autor in selbst eigener Person aufträte, ein examen anstellte, remarques[47] machte, die Wahrscheinlichkeit seiner Erfindungen und Träume plädierte und Sie so per syllogismum[48] dahin brächte, zu bekennen, sein Stück sei schön. So aber bleibt man noch immer im Zweifel und das ist das Ärgste, was man aus einem Stück nach Hause tragen kann.

Daß ich dieses trockene Stück Räsonnement mit einem Nägelchen spicke, will ich –

Voltaire und Shakespear wetteiferten einst um den Tod des Cäsars. Die ganze Stadt weiß davon. Ich möchte sagen, ein kleiner Vogel verbarg sich einst unter die Flügel eines Adlers, darnach satzt' er ihm auf den Rücken und dann: Quo me Bacche rapis tui plenum?[49] Hernach, die Historie ist lustig, klatscht' ein berühmter Kunstrichter[50] in die Hände: il nostro poeta ha fatto quel uso di Shakespeare che Virgilio faceva di Ennio. Nur möchte man beherzigen, mit wie vieler Vorsicht – und daß er bloß den Ernst der Engelländer auf die vaterländische Bühne gebracht, nicht aber ihre Wildheit. Dawider hätt' ich nun nichts einzuwenden, wenn man mir erlaubt, die Vorsicht durch Ohnmacht zu übersetzen, den harten Ausdruck ferocitá[51] durch Genie, und die Moral drunter schreibe: Wenn der Fuchs die Trauben nicht langen kann –

In eine ausführliche Parallele des Julius Cäsar und des La mort de César mag sich ein anderer einlassen – nicht den beiderseitigen Bau der Fabel, Gruppierung der Charaktere, Vorbereitung und Schwingung der Situationen – nichts von

47. frz., Anmerkungen.
48. lat., durch logischen Schluß vom Allgemeinen aufs Besondere.
49. Horaz, Oden III, 25: »Wohin, Bacchus, reißt du mich, der ich von dir erfüllt bin?«
50. Francesco Algarotti (1712–64). Das Zitat aus den »Lettera del Signor Conte Algarotti« findet sich in Voltaires Werken als Beigabe zu »La mort de César«: »Unser Dichter hat denselben Gebrauch von Shakespeare gemacht wie Vergil von Ennius.«
51. ital., Wildheit.

der Portia sagen, die V. nicht würdig fand – nichts von der nahen Blutsfreundschaft zwischen Cäsar und Brutus, die er wie einen blauen Lappen aufs grüne Kleid – bloß beide Dichter an den Stellen zusammenhalten, wo sie eine und dieselbe Person in einer und derselben Situation sprechen lassen, um zu zeigen, lorsque Racine et Pradon pensent de même qu'ils sont le plus différents.[52]

Es sei der Monologe des Brutus als die große Tat noch ein Embryo in seinem Gehirn lag, durchs Schicksal gereift ward, dann durch alle Hindernisse brach und wie Minerva in völliger Rüstung geboren ward. Diesen Gang eines großen Entschlusses in der Seele hat V. – vielleicht nicht gesehen. Erst zum Shakespear, meine Herren! Sein Brutus spaziert in einer Nacht, wo Himmel und Erde im Sturm untergehen wollen, gelassen in seinem Garten. Rät aus dem Lauf der Sterne, wie nah der Tag ist. Kann ihn nicht erwarten, befiehlt seinem Buben, ein Licht anzuzünden. »Es muß durch seinen Tod geschehen: dafür hab ich für mein Teil nicht die geringste Ursache, aber um des Ganzen willen« – Philosophiert noch, beratschlagt noch ruhig und kalt, derweile die ganze Natur der bevorstehenden Symphonie seiner Gemütsbewegungen präambuliert. Lucius bringt ihm Zettel, die er auf seinem Fenster gefunden. Er dechiffriert sie beim Schein der Blitze. »Rede – schlage – verbeßre – du schläfst« – ha er reift, er reift der fürchterliche Entschluß: »Rom! ich versprech es dir.« Lucius sagt ihm, morgen sei der 15te März, der Krönungstag Cäsars. Brutus schickt ihn heraus. Jetzt das Wehgeschrei der Gebärerin, wie in kurzen, entsetzlichen Worten: »Zwischen der Ausführung einer furchtbaren Tat und ihrer Empfängnis ist die ganze Zwischenzeit wie ein schreckenvoller Traum: der Genius und die sterblichen Werkzeuge sind alsdann in Beratschlagung und die innere Verfassung des Menschen gleicht einem Königreich, das von allgemeiner Empörung gärt« (Wiel. Übers.). Lucius meldt die Zusammenverschwornen – nun ist's da – die ganze Art – sie sollen kom-

52. Vgl. Anm. 46.

men – der Empfang ist kurz, Helden anständig, die auf gleichen Ton gestimmt, sich auf einen Wink verstehen. Cassius will, sie sollen schwören (die schwindlichte Cholera) Brutus »Keinen Eid! Wenn Schicksal des menschlichen Geschlechts, tiefes Gefühl der sterbenden Freiheit zu schwache Bewegungsgründe sind, so gehe jeder wieder in sein Bette« – was soll ich hier abschreiben, Sie mögen's selber lesen, das läßt sich nicht zerstücken. »Junge! Lucius! schläfst du so feste?« Wer da nicht Addisons Seraph[53] auf Flügeln des Sturmwinds Götterbefehle ausrichtend gewahr wird – wem die Würde menschlicher Natur nicht dabei im Busen aufschwellt und ihm den ganzen Umfang des Worts: Mensch – fühlen läßt – Laßt uns den französischen Brutus besuchen!

Schon im ersten Akt hat er Cäsarn seine ganze Herzensmeinung entdeckt, sagt ihm ins Gesicht, er sei ein größerer Feind der Römer als die Parther, er verabscheue seine Zärtlichkeit, im zweiten Akt fängt er gleich an auf Antonius zu schimpfen, der weiter nichts von ihm verlangte als eine Unterredung mit Cäsarn und Antonius, oder vielmehr – schimpft wieder auf die römische Tugend: Tu veux être un héros, mais tu n'es qu'un barbare,[54] geht drauf ganz boshaft fort und nun – merken Sie auf, wie die Champagnerbouteille aufbraust, nachdem der Zapfen heraus ist: Quelle bassesse (Brutus) o ciel! et quelle ignominie, Voilà donc tes soutiens (bis auf den letzten Tropfen) Voilà vos successeurs Horace, Decius (kurz er ruft alle Helden des alten Roms in chronologischer Ordnung um Beistand an und Pompejus erhört ihn in loco). Que vois je grand Pompée – Tu dors Brutus – Rome mes yeux sur toi seront toujours ouverts (ein Wortspiel) Mais quel autre billet[55] (ei ei alle auf einmal und auf einem Flecken. Wir kamen alle auf den Einfall, Pompejens Statue

53. Anspielung auf Addisons »Cato« (1713).
54. Du willst ein Held sein, aber du bist nur ein Barbar.
55. Welche Niedertracht ... o Himmel! und welche Schande, Das sind also deine Stützen ... Das sind eure Nachfolger, Horaz ... Was sehe ich, großer Pompejus – Du schläfst, Brutus – Rom, meine auf dich gerichteten Augen [sur gleichlautend mit sûr(e): sicher, zuverlässig] werden immer offen sein ... Aber was noch für ein Brief.

damit zu behängen – und wahrsagten, daß er sie da finden würde. So muß man die Geschichte verschönern. Das Fenster – wie gemein! aber Pompejus' Statue – warum sie ihm nicht lieber in Mund gesteckt, wie die alten Maler ihre Zettel?)
Nun kommen die Zusammenverschwornen zu ihm. Cimber setzt die epische Trompete an den Mund, wer Lust hat, mag seine Deklamation mit der Erzählung des Casca im S. vergleichen. Nun was tut Cassius drauf? er predigt, und Brutus macht eine feine kritischphilosophische Glosse zum Lebenslauf des alten Cato aus Utika. Sa mort fut inutile – et c'est la seule faute où tomba ce grand homme.[56] Nun geht das Predigen auf zwei Seiten fort, jeder sagt mit andern Worten, was der andere vor ihm gesagt, auf einmal ereifert sich Brutus jähling, weil der Akt bald zu Ende geht: Jurez donc, sagt er, avec moi, jurez, sagt er, sur cette épée, par le sang de Caton (obschon er einen Bock damals gemacht) par celui de Pompée[57], und Cassius schwört mit ihm und Brutus tritt zur Statue des Pompejus und schwört wieder und – haben Sie genug, meine Herren? – allons préparons nous, c'est trop nous arrêter.[58] –
Was kann ich davor? – – Soll ich Ihnen noch die Leichenreden gegeneinander halten? – Ich denke, ich habe schon zuviel gesagt, und, wenn mir diese chymische Metapher erlaubt ist, man darf nur von jedem einige Tropfen in die Solution tun, um zu sehen, welches Acidum das stärkere ist und das andere zum Rezipienten herausjagt. Doch da es Geschöpfe und Leser von allen Arten gibt, so müssen auch Schriftsteller – aber Signor Conte, daß Sie als ein so aufgeklärter Kunstrichter: il nostro Poeta ha fatto quel uso di Shakespeare che Virgilio faceva di Ennio – quo nunc se proripit ille? (Virg.)[59]

56. Sein Tod war sinnlos (nutzlos) – und das ist der einzige Fehler, den dieser große Mann beging.
57. Schwört also . . . mit mir, schwört . . . auf dieses Schwert, beim Blute Catos . . . bei dem des Pompejus.
58. vorwärts, sammeln wir uns, wir haben uns schon zu lange aufgehalten.
59. Vergil, Bucolica III, 19: »wohin eilt nun jener?«

Noch ein paar Worte übern Aristoteles. Daß er grade im Trauerspiele, wo auf die handelnden Personen alles ankommt, das die Epopee dramatisiert heißen könnte, den Charakteren so wenig gibt, wundert mich, könnt' ich nicht reimen, wenn ich nicht den Grund davon tiefer fände, in nichts weniger als dem ἦθος der Schauspiele.

Die Schauspiele der Alten waren alle sehr religiös, und war dies wohl ein Wunder, da ihr Ursprung Gottesdienst war. Da nun fatum bei ihnen alles war, so glaubten sie eine Ruchlosigkeit zu begehen, wenn sie Begebenheiten aus den Charakteren berechneten, sie bebten vor dem Gedanken zurück. Es war Gottesdienst, die furchtbare Gewalt des Schicksals anzuerkennen, vor seinem blinden Despotismus hinzuzittern. Daher war Oedip ein sehr schickliches Sujet fürs Theater, einen Diomed[60] führte man nicht gern auf. Die Hauptempfindung, welche erregt werden sollte, war nicht Hochachtung für den Helden, sondern blinde und knechtische Furcht vor den Göttern. Wie konnte Aristoteles also anders: secundum autem sunt mores.[61] Ich sage, blinde und knechtische Furcht, wenn ich als Theologe spreche. Als Ästhetiker, war diese Furcht das einzige, was dem Trauerspiele der Alten den haut goût, den Bitterreiz gab, der ihre Leidenschaften allein in Bewegung zu setzen wußte. Von jeher und zu allen Zeiten sind die Empfindungen, Gemütsbewegungen und Leidenschaften der Menschen auf ihre Religionsbegriffe gepfropfet, ein Mensch ohne alle Religion hat gar keine Empfindung (weh ihm!), ein Mensch mit schiefer Religion schiefe Empfindungen und ein Dichter, der die Religion seines Volks nicht gegründet hat, ist weniger als ein Meßmusikant.

Was wird nun aus dem Oedip des Herrn Voltaire, aus seinem impitoyables dieux, mes crimes sont les vôtres.[62] Gott verzeihe mir, so oft ich das gehört, hab ich meinen Hut andäch-

60. Diomed, im Gegensatz zu Ödipus, kämpfte selbst mit den Göttern, so mit Aphrodite (Ilias V, 330 ff.) und Ares (Ilias V, 846 ff.).

61. lat., an zweiter Stelle kommen die Charaktere (vgl. Aristoteles, Poetik 6, 12).

62. mitleidslose Götter, meine Verbrechen sind die euern (Oedipe V, 4).

tig zwischen beide Hände genommen, und die Gnade des Himmels für den armen Schauspieler angefleht, der Gotteslästerungen sagen mußte, weil er sie gelernt hatte. Und was beim Griechen mein ganzes Mitleiden aus der Brust herausgeschluchst haben würde, macht beim Franzosen mein Herz für Abscheu zum Stein. Wer? was? Oedip? ist das geschehen? Wenn es geschehen ist, warum bringt ihr's auf die Bühne wie es geschah, nicht vielmehr, wie Aristoteles selber verlangt, wie es geschehen sollte. Bei dem Griechen sollte Oedip ein Monstrum von Unglück werden, weil Jokasta durch ihren Fürwitz Apolln geärgert, die Ehrfurcht vor ihm aus den Augen gesetzt. Aber bei dem Franzosen hätt' er sein Unglück verdienen sollen, oder fort von der Bühne. Wenigstens mußt du mir ein Brett zuwerfen, Dichter, woran ich halten kann, wenn du mich auf diese Höhe führst. Ich fordre Rechenschaft von dir. Du sollst mir keinen Menschen auf die Folter bringen, ohne zu sagen warum.

Damit wir nun, unsern Religionsbegriffen und ganzen Art zu denken und zu handeln analog, die Grenzen unsers Trauerspiels richtiger abstecken, als bisher geschehen, so müssen wir von einem andern Punkt ausgehen, als Aristoteles, wir müssen, um den unsrigen zu nehmen, den Volksgeschmack der Vorzeit und unsers Vaterlandes zu Rate ziehen, der noch heutzutage Volksgeschmack bleibt und bleiben wird. Und da find ich, daß er beim Trauerspiele oder Staatsaktion, ist gleichviel, immer drauf losstürmt (die Ästhetiker mögen's hören wollen oder nicht) das ist ein Kerl! das sind Kerls! bei der Komödie aber ist's ein anders. Bei der geringfügigsten drollichten, possierlichen unerwarteten Begebenheit im gemeinen Leben rufen die Blaffer mit seitwärts verkehrtem Kopf: Komödie! Das ist eine Komödie! ächzen die alten Frauen. Die Hauptempfindung in der Komödie ist immer die Begebenheit, die Hauptempfindung in der Tragödie ist die Person, die Schöpfer ihrer Begebenheiten.

Also ganz und gar wider Madame Dacier in ihrer Vorrede zum Terenz, der ich bei dieser Gelegenheit höflichst die Hände küsse.

Das Trauerspiel bei uns war also nie wie bei den Griechen das Mittel, merkwürdige Begebenheiten auf die Nachwelt zu bringen, sondern merkwürdige Personen. Zu jenem hatten wir Chroniken, Romanzen, Feste, zu diesem Vorstellung, Drama. Die Person mit all ihren Nebenpersonen, Interesse, Leidenschaften, Handlungen. Und war sie tot, so schloß das Stück, es müßte denn noch ihr Tod Würkungen veranlaßt haben, die auf die Person ein noch helleres Licht zurückwürfen. Daher führen uns unsere ältesten Schauspieldichter oft in einem Akt ohne Anstoß durch verschiedene Jahre fort, sie wollen uns die ganze Person in allen ihren Verhältnissen zeigen, ja Hanns Sachse findt so wenig Bedenklichkeiten drin, seine geduldige Griselda[63] in einem *Auftritte* freien, heiraten, schwanger werden und gebären zu lassen, daß er vielmehr im Prolog seine Zuschauer für der allzustarken Illusion warnet und ihnen auf sein Ehrenwort versichert, daß alle Sachen so eingericht, daß keinem Menschen ein Schaden geschicht. Woher das Zutrauen zu der Einbildungskraft seines Publikums? Weil er sicher war, daß sie sich aus der nämlichen Absicht dort versammlet hatten, aus der er aufgetreten war, ihnen einen Menschen zu zeigen, nicht eine Viertelstunde.
So ist's mit den historischen Stücken Shakespears: hier möchte ich *Charakter*stücke sagen, wenn das Wort nicht so gemißbraucht wäre. Die Mumie des alten Helden, die der Biograph einsalbt und spezereit, in die der Poet seinen Geist haucht. Da steht er wieder auf, der edle Tote, in verklärter Schöne geht er aus den Geschichtbüchern hervor und lebt mit uns zum andernmale. O wo finde ich Worte, diese herzliche Empfindung für die auferstandenen Toten anzudeuten – und sollten wir ihnen nicht mit Freuden nach Alexandrien, nach Rom, in alle Vorfallenheiten ihres Lebens folgen und das: selig sind die Augen, die dich gesehen haben, nun für uns behalten? Habt ihr nicht Lust ihnen zuzusehen, meine Herren? In jeder ihrer kleinsten Handlungen, Schicksalswechsel und Lebensstößen? In ihrer immer regen Gegenwürkung und

63. Titelfigur aus Hans Sachsens Komödie »Griselda« (1546).

Geistesgröße? Weilt ihr lieber an der Moorlache, als an der grünen See in unauslöschlicher Bewegung und dem hellen Felsen mitten in? Ja, meine Herren! wenn Sie den Helden nicht der Mühe wert achten, nach seinen Schicksalen zu fragen, so wird Ihnen sein Schicksal nicht der Mühe wert dünken, sich nach dem Helden umzusehen. Denn der Held allein ist der Schlüssel zu seinen Schicksalen.

Ganz anders ist's mit der Komödie. Meiner Meinung nach wäre immer der Hauptgedanke einer Komödie *eine Sache*, einer Tragödie *eine Person.* Eine Mißheurat, ein Fündling, irgendeine Grille eines seltsamen Kopfs (die Person darf uns weiter nicht bekannt sein, als insofern ihr Charakter diese Grille, diese Meinung, selbst dieses System veranlaßt haben kann: wir verlangen hier nicht die *ganze* Person zu kennen). Sehen Sie, meine Herren, das wäre so meine Meinung über Shakespears Komödien – und alle Komödien, die geschrieben sind und geschrieben werden können. Die Personen sind für die Handlungen da – für die artigen Erfolge, Wirkungen, Gegenwirkungen, ein Kreis herumgezogen, der sich um eine Hauptidee dreht – und es ist eine Komödie. Ja wahrlich, denn was soll sonst Komödie in der Welt sein? Fragen Sie sich und andere! Im Trauerspiele aber sind die Handlungen um der Person willen da – sie stehen also nicht in meiner Gewalt, ich mag nun Pradon oder Racine heißen, sondern sie stehen bei der Person, die ich darstelle. In der Komödie aber gehe ich von den Handlungen aus, und lasse Personen Teil dran nehmen welche ich will. Eine Komödie ohne Personen interessiert nicht, eine Tragödie ohne Personen ist ein Widerspruch. Ein Unding, eine oratorische Figur, eine Schaumblase über dem Maul Voltairens oder Corneillens ohne Dasein und Realität – ein Wink macht sie platzen.

– – Das wär's nun, meine Herren! ich bin müde, Ihnen mehr zu sagen. Aber weil doch jeder Rauch machen muß, der sich unterstehen will, ein Feuer anzuzünden. Ich bin gewiß, daß es noch lange nicht genug war, Aufmerksamkeit rege zu machen – nichtsdestoweniger straft mich mein Gewissen doch, daß ich schon zuviel gesagt. Denn es ist so eine verdrüßliche

Sache, von Dingen zu schwätzen, die sich nur sehen und fühlen lassen, über die nichts gesagt sein will – qui hedera non egent[64]. Hätt ich nur mit diesen Anmerkungen das ausgerichtet, was Petronius in seinem Gastmahl des Trimalchion von – daß die Römer zwischen den ungeheuren Mahlzeiten der Saturnalien sich eines Brechmittels, auch wohl schnellwirkenden Purganz bedient, um sich neuen Appetit zu schaffen.
Wer noch Magen hat und ich kann ihm mit einem bisher unübersetzten – Volksstück – Komödie von Shakespearn aufwarten. – – Seine Sprache ist die Sprache des kühnsten Genius, der Erd und Himmel aufwühlt, Ausdruck zu den ihm zuströmenden Gedanken zu finden. Mensch, in jedem Verhältnis gleich bewandert, gleich stark, schlug er ein Theater fürs ganze menschliche Geschlecht auf, wo jeder stehn, staunen, sich freuen, sich wiederfinden konnte, vom obersten bis zum untersten. Seine Könige und Königinnen schämen sich so wenig als der niedrigste Pöbel, warmes Blut im schlagenden Herzen zu fühlen, oder kützelnder Galle in schalkhaftem Scherzen Luft zu machen, denn sie sind Menschen, auch unterm Reifrock, kennen keine Vapeurs, sterben nicht vor unsern Augen in müßiggehenden Formularen dahin, kennen den tötenden Wohlstand nicht. Sie werden also hier nicht ein Stück sehen, das den und den, der durch Augengläser bald so, bald so, verschoben drauf losguckt, allein interessiert, sondern wer Lust und Belieben trägt, jedermann, bringt er nur Augen mit und einen gesunden Magen, der ein gutes spasmatisches Gelächter – – doch ich vergesse hier, daß ich nicht das Original, sondern – eheu discrimina rerum[65] – meine Übersetzung ankündige – mag er immerhin auftreten, mein Herkules, wär's auch im Hemd der Dejanira[66] – –

64. lat., die keines Efeus bedürfen. (Als Auszeichnung wurden Dichter mit einem Efeukranz bekränzt.)
65. lat., o Unterschied der Dinge!
66. D. sandte ihrem untreuen Gatten Herakles ein mit Liebeszauber, wie sie meinte, getränktes Hemd, um ihn zurückzugewinnen. Das Gemisch aus Blut und Samen des von H. getöteten Kentauren Nessos enthält aber Gift der Hydra und bringt H. den Tod.

Amor vincit omnia*

Ein Stück von Shakespearn

ERSTER AKT

ERSTE SZENE

König. Biron. Longaville. Dümain.

König. Der Ruhm, dem so viel ihr Leben weihen, soll unser Grab überleben, laßt uns zum Trotz des großen fräßigen Raben Zeit, uns um diesen Ruhm bewerben, welcher dessen scharfen Raubschnabel stumpf und uns zu Erben einer ganzen Ewigkeit machen kann. Daher, brave Ritter! Krieg sei angekündigt den Affekten und dem furchtbaren Heer der Vergnügungen, Navarra das Wunder der Welt, unser Hof eine kleine Akademie, der Betrachtung und den Künsten geheiligt. Biron, Dümain, Longaville, meine Schulkameraden, ihr habt einen Eid getan, diese drei Jahre mit mir die Statuten heilig zu beobachten, die auf diesem Zettel stehen: wohlan, seid ihr jetzo so bearmt, als ihr vorhin bemault wart, so unterschreibt nun eure Namen, damit der, welcher auch nur den kleinsten drin enthaltenen Punkt überschreitet, sich hiemit zum voraus gleichsam unehrlich mache und selber den Stab breche.

Longaville. Ich bin entschlossen. Es ist nur ein dreijähriges Festin, das wir unserm Geiste geben, derweile das Fleisch leidet. Fette Wänste haben magere Köpfe, und Leckerbissen bereichern die Rippen, aber machen den Verstand bankerut.

Dümain. Teurester Souverän! Dümain ist den Vergnügungen der Welt längst abgestorben, Liebe, Pracht, Überfluß sind mir leere Wörter, nur beim Namen der Weltweisheit leb ich auf.

Biron. Das ist viel gesagt. Ich habe geschworen, mein Fürst,

* Im Original: Loves Labour's lost.

hier zu bleiben, drei Jahr zu studieren. Aber was die andern strengen Regeln betrifft, in der ganzen Zeit kein Weibsbild anzusehen, ich hoffe doch, daß das nicht auf dem Zettel stehen wird, und dann, einen Tag in der Woche zu fasten, und jeden Tag nur eine Mahlzeit zu tun, ich hoffe doch, das seltsame Zeug wird nicht schwarz auf weiß dastehen und drei Stunden die Nacht nur zu schlafen, da ich doch gewohnt bin, meine liebe lange Nacht an nichts Arges zu denken und oft den halben Tag mit dazu zu nehmen. Ich hoffe doch, all das närrische Zeug wird nicht mit auf dem Zettel stehen. Das wäre ja Festungsarbeit, der Henker hielte das aus, nicht zu essen, nicht zu schlafen, kein Mädchen zu sehen.

König. Ihr habt geschworen.

Biron. Verzeiht mir, teurester Souverän! ich schwur bloß, mit Eurer Majestät zu studieren und drei Jahre an Eurem Hofe zuzubringen.

Longaville. Ihr schwurt das, Biron! und das übrige auch.

Biron. Der Henker, so schwur ich's im Scherz. Halt – wenn ihr denn so scharf seid, was ist der Endzweck des Studierens, sagt mir einmal?

König. Das zu wissen, was wir noch nicht wissen.

Biron. Das heißt, alles, was dem gewöhnlichen Menschenverstande untersagt ist, nicht so?

König. Freilich! das ist der Vorzug des Fleißes.

Biron. So kommt denn, ich will schwören. Ich will zum Exempel studieren, wie das Essen schmeckt, an dem Tage, da es euch untersagt sein wird zu essen, wie ein hübsches Mädchen aussehe, oder wie ein gar zu harter Eid zu brechen sei. Alsdenn weiß ich mehr als itzt, nicht wahr? und so ist der Endzweck meines Studierens erreicht.

König. Alle diese Dinge waren nur Hindernisse, die unsern Trieb in seinem echten Lauf aufhielten und ihn in die Kanäle eitler Ergötzungen leiteten.

Biron. Alle Ergötzungen sind eitel, es ist wahr, aber die gelehrten am meisten. Da über einem Buch schweben und das Licht der Wahrheit suchen, das uns doch nur die Augen tränen macht. Licht mit einem Licht suchen, betrügt uns oft um das Licht, das wir haben. Studiert lieber, wie ihr dem Auge Vergnügen schaffen wollt, wenn ihr's auf ein ander schönes Auge heftet, wird es da gleich geblendet, so wird sich das andere Auge seiner freundlich annehmen und es wieder mit dem Lichte versorgen, das es ihm entzog. Die Wissenschaften gleichen der strahlenden Sonne des Himmels, die nicht mit zu verwegenen Blicken zu lange will angesehen werden. Wenig genug haben die kontinuierlichen Gucker bis dato gewonnen, höchstens das, was andere vor ihnen gesagt haben. Diese irdischen Gevattern des Himmels, diese Astronomen, die jedem Stern gleich einen Namen an den Hals werfen, haben nicht größern Gewinn von den schönen Nächten als der ehrliche Bauer, der drunter umherspaziert und viel weiß, was sie bedeuten. Nein nein, zu viel wissen, heißt nichts wissen – als höchstens sich einen Namen zu machen, weil man andern Dingen Namen geben kann.

König. Wie gelehrt wider die Gelehrsamkeit!

Dümain. Wie verschlagen gegen die Beschlagenheit!

Longaville. Er will einen Acker besäen und doch läßt er das Unkraut wachsen.

Biron. Die Gesselchen haben keine Federn, doch müssen sie schon gacksen.

Dümain. Wie paßt das hieher?

Longaville. Ich sehe keinen Sinn drin.

Biron. So hör ich einen Reim drin.

Longaville. Biron ist wie ein neidischer, beißender Frost, der die neuaufgekeimten Kinder des Frühlings tötet.

Biron. Warum prahlt ihr dann mit Blüten, eh noch die Vögel angefangen zu singen? Soll ich eurer Fehlgeburten schonen? Ich verlange sowenig um Weihnachten eine Rose aufblühen zu sehen als in Maiblumen schneien. Jedes Ding für seine Jahreszeit, so ihr, jetzt ist's für euch zu spät, das heißt übers Haus steigen um ein Fenster aufzumachen.

König. Gut, so bleibt draußen. Geht heim, Biron! Adieu.

B i r o n. Nein, mein Fürst! ich habe geschworen. Obschon ich für die Barbarei gesprochen, so will ich doch halten was ich schwur. Reicht mir Euren Zettel, ich will ihn durchgehen und dann meinen Namen unterschreiben.

K ö n i g. Du ersparst dir einen großen Schimpf.

B i r o n *(liest).* »Daß eine ganze Meile im Umkreise keine Weibsperson meinem Hofe nahen soll« – – ist das proklamiert worden?

L o n g a v i l l e. Seit vier Tagen schon.

B i r o n. Und bei Strafe? – »ihre Zunge zu verlieren?« Wer gab die Strafe an.

L o n g a v i l l e. Ich.

B i r o n. Warum?

L o n g a v i l l e. Weil es die ärgste ist, die man ihnen drohen kann.

B i r o n *(weiterlesend).* »Wenn eine Mannsperson innerhalb dieser drei Jahre mit einem Weibe spricht, soll er eine so strenge öffentliche Beschimpfung, als der Hof ohne Störung der allgemeinen Ruhe –«
Diesen Punkt, mein Fürst! seid Ihr selbst gezwungen zu brechen, denn Ihr wißt, daß die Prinzessin des Königs von Frankreich unterwegens ist, mit Euch wegen der Übergabe von Aquitanien an ihren alten Vater zu akkordieren. Dieser Punkt wäre also null und nichtig, oder die ganze Reise und der Auftrag der schönsten aller Prinzessinnen – –

K ö n i g. Was sagt ihr dazu, Ritter? Wahrhaftig, ich hatte es ganz und gar vergessen.

B i r o n. Das sind die edlen Früchte des Studierens, derweil Ihr zu wissen strebet was Ihr wollt, vergeßt Ihr drüber was Ihr sollt.

K ö n i g. Hier zwingt uns die Not, eine Ausnahme zu machen.

B i r o n. So wird uns die Not alle zwingen, dreitausend Ausnahmen in drei Jahren zu machen. Jeder Mensch wird mit seinen Trieben geboren, die durch nichts anders als die Gnade bemeistert werden können. Werd ich also meineidig, so hoff ich, dies Wort Ew. Majestät wird mir zugut kommen, ich hab's aus Not getan. So will ich denn auch meinen Namen unterschreiben, aber im weitläuftigern Sinn, die andern Herren tatens im engern. Doch hoff ich, ich werde der letzte sein, der seinen Eid zu befingern anfangen wird, um ihn nach und nach gar zu brechen. Aber haben wir denn nicht die mindesten Erholungen bei unserer Kopffron?

König. Ihr wisset, an unserm Hofe hält sich der scharfsinnige reisende Spanier auf, ein Mann, der mit den Sitten der ganzen Welt gestempelt ist, und ein ganzes Münzkabinett von neuen Worten in seinem Hirnkasten trägt. Dessen Zunge von lauter Harmonien ertönt, ein Mann von oben herab, immer entscheidend, den Recht und Unrecht zum Schiedsrichter aller ihrer Katzbalgereien scheinen ausersehen zu haben. Dieser Sohn der Phantasei, der hohe Armado, soll zur Ausfüllung unserer Nebenstunden uns Rittergeschichte erzählen, wie er euch gefallen wird, weiß ich nicht, genug ich habe meine Freude daran, ihn lügen zu hören.

Biron. O Armado ist ein Mann von Wichtigkeit.

Longaville. Wenn Costard, der Narr, dazukommt, so werden uns die drei Jahr nur gar zu geschwinde vergehen.

ZWEITE SZENE

Costard. Dull zu den Vorigen.

Dull. Wo ist des Herzogs eigene Person?

Biron. Hier, Bursche! was verlangst du?

Dull. Ich präsentiere selber des Herzogs Person, denn ich bin Sr. Herrlichkeit Konstabel, aber ich wollte des Herzogs Person in Fleisch und Blut sehen.

König. Hier bin ich.

Dull. Herr Arme schickt mich: es steht nicht recht draußen. Dieser Brief wird Euch mehr sagen.

Costard. Von mir ist die Rede.

König. Ein Brief vom hohen Armado.

Biron. Der Inhalt wird niedrig genug sein.

C o s t a r d. Von mir ist die Rede, von mir und Jakobinen. Die Art, wie ich mit ihr ergriffen bin – –

B i r o n. Auf was für Art?

C o s t a r d. Auf folgende Art und Weise, Herr! alles dreies zusammen. Vors erste die Art, daß er mich gesehen hat mit ihr in des Meyers Hause sitzen, auf diese Weise und zum dritten das folgende, daß er mich gesehen hat, wie ich ihr in den Garten folgte. Nun was die Art anbelangt, Herr, so ist es die Art von einem Kerl, daß er mit seinem Maidel spricht.

B i r o n. Aber die Folgen, guter Costard.

C o s t a r d. Ja ja, das folgende, he he he, Gott mag dem Recht beistehen.

K ö n i g. Wollt ihr den Brief hören?

B i r o n. Wie ein Orakel.

C o s t a r d. O ihr einfältige Leut'!

K ö n i g *(liest)*. »Großer Abgeordneter! Vizekönig des Himmels, einziger Herrscher in Navarra, meiner Seele Erdgott und meines Körpers pflegender Patron!«

C o s t a r d. Sagt er nichts von Costard noch?

K ö n i g *(liest)*. »So ist es –«

C o s t a r d. Das glaub ich wohl, daß dem so ist, weil er's sagt, muß es wohl –

K ö n i g *(böse)*. Fried! –

C o s t a r d. Sei mit allen, die nicht fechten können.

K ö n i g. Kein Wort.

C o s t a r d. Ich ersuch Euch, lest meine Heimlichkeiten nicht laut.

K ö n i g *(liest)*. »So ist es. Belagert von der mistfarbenen Melancholei *übergab* ich diesen schwarzdrückenden Humor der heilsamen Natur, und da ich ein Edelmann bin, begab ich mich auf den Spaziergang. Die Zeit wenn? um die fünfte Stunde, wenn das Vieh am emsigsten graset, die Vögel picken und der Mensch sich niedersetzet zu der Nahrung, die da genannt ist Abendbrot. Soviel für die Zeit. Nun für den Grund, warum? Der Grund, auf dem ich spazierte, heißt der Park. Nun, für den Ort, wo? Wo ich antraf die obszöne und sehr verkehrte Szene, welche von meiner schneeweißen Feder ebenfärbige Tinte herabzieht, die du hier anschauest, in Augenschein nimmst, betrachtest oder siehst. Aber was den Ort anbetrifft, wo, so liegt er nordostwärts, an dem ostostlichen Winkel deines kurieusen Irrgartens, da sah ich und siehe, der niedrigdenkende Narr, der elende Günstling deiner Laune (Costard. Ich?) die ungelehrige Seele (Cost. Ich?) der seichte Sklave (Cost. Immer ich?) der, wie ich mich erinnere, sich Costard (Cost. Aha ich, ich –) zugesellt, deiner proklamierten hohen Verordnung schnurstracks entgegen, zu – ich leide zu viel, wenn ich sage zu wem –«

Costard. Zu meinem Mensch.

König *(fortlesend).* »Zu einem Kinde unserer Großmutter Eva, oder um mich deutlicher auszudrücken, zu einem Frauensbild. Diesen habe, der bewährten Pflicht meiner Schuldigkeit gemäß, zu dir gesandt, den Lohn seiner Strafe zu empfahen durch deiner Herrlichkeit Beamten Anton Dull, einen Mann von gutem Ruf, Führung, Aufführung und Betragen.«

Dull. O zu viel Ehre, ich heiß Anton Dull und kein Wort weiter.

König. »Was Jakobinen, so heißt das schwächere Gefäß, anbetrifft, so habe sie als ein Gefäß der Strenge der Gesetze angehalten und sie soll auf den kleinsten Wink deines Willens hieher zum Verhör gebracht werden. Dein in aller Ehrfurcht der devotesten Hitze der Ergebenheit Don Adriano von Armado.«

Biron. Nicht vollkommen so gut als ich erwartete, aber doch besser als alles, was ich von der Art hörte.

König. Was sagst du dazu, Costard?

Costard. Gnädiger Herr, ich bekenn auf mein Mensch.

König. Hast du meine Verordnung gehört? Es war ein Jahr Gefängnis darauf gesetzt, mit einem Mensch angetroffen zu werden.

Costard. Gnädiger Herr, 's war kein Mensch, 's war eine Mamsell.

König. Gut, mit einer Mamsell.

Costard. Es war eine Jungfer Ihro Gnaden.

König. Das Gesetz gilt von den Jungfern auch.

Costard. So leugne ich ihre Jungfernschaft, es war ein Mädel.

König. Das Mädel wird dir nichts helfen, Narr. Du sollst eine Woche fasten bei Wasser und Brot.

Costard. Ich hätte lieber ein Jahr gebetet bei Schaffleisch und Reis.

König. Don Armado soll dein Kerkermeister sein. Biron! daß er ihm übergeben wird. Und wir wollen an unsere Arbeit gehen. *(Ab.)*

Biron. Ich wollte meinen Kopf verwetten, diese Verordnungen machen uns am Ende noch alle zum Narren. *(Zu Costard.)* Komm.

Costard. Ich leide für die Wahrheit, Herr, denn wahr ist's, daß ich mit Jakobinen bin gegriffen worden und Jakobine ist wahr und wahrhaftig ein Mädel, also denn willkommen du bitterer Trank der Freude, und das Unglück wird mich auch schon wieder einmal anlachen, und dann so lebet wohl ihr meine Sorgen und so ferner. *(Ab.)*

DRITTE SZENE

Armado Haus.

Armado. Mot, sein Page.

Armado. Junge, was bedeutet's, wenn ein Mann von großem Geist melancholisch wird?

Mot. Es bedeutet ihm nichts Guts, Herr, es bedeutet, daß er sauersieht.

Armado. Zartes Reis! das ist dasselbe.

Mot. Nein, Herr.

Armado. Wie kannst du sauersehn und melancholisch sein voneinander unterscheiden, zarter Junge?

Mot. Ja ich unterscheide sie, zäher Herr.

Armado. Warum nennst du mich zäher Herr?

Mot. Warum nennen Sie mich zart?

Armado. Das ist ein schickliches Epitheton, den jungen Tagen beizulegen. Wir nennen das ein zartes Alter.

Mot. Und ich nenne das ein zähes.

Armado. Wohl und schicklich.

Mot. Wer, Herr? ich oder meine Reden?

Armado. Du bist wohl, obschon klein.

Mot. Also ein klein wenig wohl.

Armado. Behender Junge.

Mot. Soll das ein Lob sein?

Armado. Freilich!

Mot. Ich will einen Aal so loben.

Armado. Wie das?

Mot. Er ist behend.

Armado. Ich sage, du bist behend im Antworten, du machst mich ungeduldig.

Mot. Ich bin keine Antwort.

Armado. Ich mag nicht widersprochen sein.

Mot. So hört auf zu reden, denn Ihr widersprecht Euch selber immer.

Armado. Ich habe dem Herzog versprochen, mit ihm drei Jahr zu studieren.

Mot. Das könnt Ihr in einer Stunde tun.

Armado. Unmöglich!

Mot. Wieviel ist eins dreimal genommen?

Armado. Ich kann nicht rechnen, das ist eine Wissenschaft für schlechte Leute.

Mot. Ihr seid ein Spieler.

Armado. Freilich, das geht zu meinem Stande.

Mot. So werdet Ihr doch gewiß wissen, wieviel 's macht, wenn ich zu einem Zweier eine As tue.

Armado. Es macht zwei mehr als eins.

Mot. Und das nennt der Pöbel drei.

Armado. Es kann sein.

Mot. Also, Herr! ist denn dazu Kopfbrechens vonnöten? Ihr habt nun die drei studiert, ist auf der Welt Gottes nichts leichter, setzt nun das Wort Jahr zu dem Worte drei und studiert die zwei Worte, das müßte ja ein Tanzbär können, warum Ihr nicht?

Armado. Eine schöne Figur!

Mot. Ich will's Euch mit Zahlen aufschreiben.

Armado. Hör, ich will dir's nur gestehn, ich bin verliebt, und weil es niedrig für einen Helden ist verliebt zu sein, so bin ich in ein niedriges Mensch verliebt. Wenn ich mich von diesen verworfenen Gedanken frei machen könnte, ich wollte mein Schwert ziehn, sie sogleich zu Gefangenen machen und gegen französische Galanterie austauschen. Ich schäme mich zu seufzen, ich möchte den Cupido gern beschwören. Tröste mich, Junge! was für große Leute sind verliebt gewesen.

Mot. Herkules, Herr.

Armado. O der allerliebste Herkules. Mehr Autoritäten, Junge! nenne mir mehr Namen, ich bitte dich, und, mein liebes Kind! daß es nur ja Leute von guter Reputation sein.

Mot. Simson, Herr! und das war ein Mann von gar guter Aufführung, denn er führte die Stadttore auf seinem Rükken weg.

Armado. O wohl qualifizierter Simson! ich bin berühmt im Rapier, wie du im Tortragen. Wer war Simsons Liebste, mein teurer Mot?

Mot. Es war ein Weibsbild.

Armado. Von welcher Komplexion?

Mot. Von allen vieren.

Armado. Von welcher?

Mot. Von den meergrünen.

Armado. In der Tat, grün ist die Farbe der Liebe: aber eine Liebste von der Farbe ist nicht angenehm. Vielleicht liebt' er sie wegen ihres Witzes.

Mot. So war es: sie hatt' einen grünen Witz.

Armado. Meine Liebste ist ohne Flecken, weiß und rot.

Mot. Unter den Farben sind oft die beflecktesten Gedanken verborgen.

Armado. Wie das, mein Sohn! wie das?

Mot. Meines Vaters Verstand und meiner Mutter Zunge

steht mir bei!

Armado. Schöne Anrufung eines Kindes! Sehr pathetisch und sehr ästhetisch.

Mot.
Wenn sie ist weiß und rot zugleich,
Ihr Fehl bleibt unbekannt.
Denn das Gewissen machet bleich,
Und Scham die Wang entbrannt.
Jetzt ob sie noch so sehr sich schämt,
Es kommt nicht an das Licht,
Bei jeglichem Gewissen strömt
Das Blut ihr zu Gesicht.

Das ist ein Lied über weiß und rot, Herr.

Armado. Weissest du keine Ballade von einem König und einer Bettlerin? mich dünkt, ich habe so etwas von dir gehört.

Mot. Wenn eine so da ist, so dient sie weder zum drucken noch in Musik zu setzen.

Armado. Ich möchte sie gern geschrieben haben. Jung', ich bin in das Bauermädchen verliebt, das ich neulich mit dem vernünftigen Hunde Costard scherzen sah, und sie verdiente wohl –

Mot. Ausgepeitscht zu werden.

Armado. Sing, Junge, mein Geist wird schwermütig für Liebe.

Mot. Das wundert mich, da ihr ein so leichtsinniges Mensch liebt.

Armado. Sing.

Mot. Bis die Compagnie vorüber ist.

VIERTE SZENE

Costard. Dull. Jakobine. Ein Mädchen. (Treten herein.)

Dull. Herr, des Herzogs Befehl ist, Costard in gefängliche Haft zu nehmen, er soll weder Lust noch Unlust leiden, das heißt, drei Tage in der Woche fasten. Und die Jungfer tut in den Park mit diesem Mädchen. Lebt wohl. *(Ab.)*

Armado. Meine Röte wird mich verraten – Mädchen.
Jakobine. Kerl!
Armado. Ich will dich im Tiergarten besuchen.
Jakobine. Mir nicht zuwider!
Armado. Ich will dir Wunder erzählen.
Jakobine. Ei was Ihr sagt?
Armado. Ich liebe dich.
Jakobine. Und ich Euch nicht.
Armado. So fahr wohl.
Jakobine. Glückliche Reise. Komm! *(Geht ab mit ihrer Gespielin.)*
Armado. Du Elender sollst fasten, bis dir's vergeben wird.
Costard. Ich hoff es, Herr. Kann ich nicht mit vollem Magen fasten?
Armado. Ihr sollt schwer bestraft werden.
Costard. Doch möcht ich nicht mit Euch studieren, denn Ihr seid leicht belohnt.
Armado. Führt ihn fort, geschlossen.
Mot. Fort, du verbrecherischer Sklave.
Costard. Herr, ich bitte Euch, ich bin fest genug, wenn ich los bin.
Mot. Los und fest zugleich? Ins Gefängnis.
Costard. Nun denn, wenn ich euch jemals wieder erblicke, ihr fröhlichen Tage der Verzweiflung, so soll mancher gewahr werden –
Mot. Was?
Costard. Nichts, Herr – was er sieht. Gefangene sind nicht verbunden, in ihren Reden ein Stillschweigen zu beobachten, derowegen will ich nichts reden. Ich danke Gott, ich habe meine Galle wie andere Leute auch, ich verliere endlich die Geduld und deswegen so will ich geruhig sein. *(Mot führt ihn ab.)*
Armado *(auf und ab spazierend)*. Ich fühle etwas, eine hinreißende Sympathie – – zu dem Fußboden – (das ist niedrig) wo ihre Schuh – (das ist noch niedriger) von ihrem zarten Fuß bewegt (das ist das allerniedrigste) getreten haben. Ich tue einen Meineid, ich bin falsch – nun wie kann

eine Liebe wahr sein, wenn sie falsch ist? Liebe ist ein guter Geist, Liebe ist der böse Feind, es gibt keinen bösern Geist als die Liebe, und doch ward Simson verliebt und hatte eine so große Stärke, und Salomo ward verführt und hatte doch einen guten Verstand. Cupidos Pfeile sind stärker als Herkules' Keule, geschickter als mein Rapier, er achtet das Passado nicht und das Duello respektiert er nicht, schade daß er ein Kind ist und doch Männer bezwingt. Lebe wohl Tapferkeit! roste, Rapier! halt's Maul, Trummel! euer Meister ist verliebt, ja er ist verliebt, steh mir bei, irgendein Versgott, sonst werd ich noch zum Sonett. Auf Witz fouragiere, schreib Feder, jetzt bin ich ein Buch in Folio. *(Ab.)*

ZWEITER AKT

ERSTE SZENE

Die Prinzessin von Frankreich. Rosaline. Marie. Catharine. Bojet. Herren und Gefolge.

B o j e t. Itzt, Prinzessin, ruft Eure schönsten Lebensgeister zusammen. Bedenkt, wen der König Euer Vater sandte, zu wem er Euch schickte, und was der große Zweck Eurer Gesandtschaft ist. Ihr, die Bewunderung der ganzen Welt, sollt mit dem einzigen Erben aller männlichen Vorzüge, dem unvergleichlichen Navarra sprechen, und der Handel betrifft nichts Geringers als Aquitanien, die Mitgabe einer Königin. Seid nun so verschwenderisch mit all Euren Annehmlichkeiten, als die Natur war, da sie Euch schuf, als sie die ganze sichtbare Welt davon zu entblößen schien, um Euch auszuschmücken.

P r i n z e s s i n. Guter Lord Bojet, so gering meine Schönheit ist, so braucht sie die Schnörkel Eures Lobes nicht, Schönheit wird gekauft nach dem Urteil des Auges, nicht nach dem marktschreierischen Ausruf der Kaufleute. Ich bin sicher weniger stolz, wenn Ihr meine Schönheit erhebt, auf meine Schönheit, als Ihr auf den Witz, den Ihr bei der Gelegenheit könnt sehen lassen. Zur Sache, Bojet, der allverbreitende Ruf trug uns entgegen, Navarra hab ein Gelübd' getan, bevor drei Jahr unter mühsamen Studieren verstrichen, soll kein Weibsbild sich seinem stillen Hofe nähern, also eh' wir diese verbotenen Tore betreten, sondern wir Euch aus, in Rücksicht auf Eure vorzügliche Talente, seine Meinung hierüber einzuziehen, und für uns um Audienz anzuhalten. Sagt ihm, die Tochter des Königs von Frankreich verlange in einer wichtigen und dringenden Angelegenheit eine mündliche Unterredung mit Seiner Majestät. Eilt und bringt uns demütigen Fremdlingen seinen königlichen Willen.

Bojet. Ich eile, stolz auf meine Kommission. *(Ab.)*

Prinzessin. Wer sind die Mitgeschwornen des gelehrten Herzogs?

Maria. Ein Lord Longaville ist einer.

Prinzessin. Kennt Ihr den Mann?

Maria. Ich lernt' ihn auf der Hochzeit Lord Perigords und der schönen Tochter Faulconbridgs kennen: in der Normandie sah ich diesen Longaville, er soll große Talente haben, wohlbewandert in Künsten, in den Waffen, nichts mißlingt ihm, was er unternimmt. Der einzige Flecken seiner glänzenden Eigenschaften war ein scharfer Witz mit einem stumpfen Herzen vermählt, der alles bis auf den Mark durchdringt, was ihm entgegenkommt.

Prinzessin. Ein Momus also, der überall zu lachen findet.

Maria. So sagt man.

Prinzessin. Der schnellschießende Witz verwelkt, so wie er wächst. Wer sind die andern?

Catharine. Der junge Dümain, ein vollkommener Jüngling, von allen die Tugend lieben geliebt, viel Gewalt viel Schaden anzurichten, aber kein Herz dazu. Witz die häßlichste Gestalt gelten zu machen, und eine Gestalt, auch allen Mangel an Witz zu ersetzen. Ich sah ihn beim Herzoge Alfonso und er übertrifft meine Beschreibung weit.

Rosaline. Wenn man mir die Wahrheit gesagt hat, so war damals noch einer von den vornehmen Studenten mit ihm. Sie nennen ihn Biron, aber einen lustigern Mann, doch mit Anstand, hab ich noch nie gesehen. Ich lernt' ihn in einer Stunde kennen. Sein Auge ist der Gelegenheitmacher seines Witzes, alles was jenem nur auffällt, weiß dieser in Scherz zu kehren, und hat einen so netten Dolmetscher an seiner Zunge, daß Greisenohren begierig an seinem Munde hängenbleiben.

Prinzessin. Gnade Gott Ladies! seid ihr denn alle verliebt. Ihr überschüttet ja die Leute mit einem Berg von Lobeserhebungen.

(Bojet kommt.)

Prinzessin. Nun, was für einen Bescheid, Bojet?

Bojet. Navarra hatte schon Nachricht von Eurer schönen Anherokunft, er und seine Mitgenossen waren fertig Euch entgegenzugehen, als ich kam. Aber was hab ich erfahren müssen? Er ist so gewissenhaft, Euch lieber auf dem freien Felde zu beherbergen, gleich als ob Ihr gekommen wärt seinen toten Hof zu belagern, als eine Dispensation für seinen Eid zu suchen. Hier ist er.

(König. Longaville. Dümain. Biron. Gefolge.)

König. Schöne Prinzessin, willkommen an dem Hofe zu Navarra.

Prinzessin. Das schöne geb ich Euch zurück und das Willkommen hab ich noch nicht von Euch empfangen. Das Dach Eures Hofes ist zu hoch um Euer zu sein und dieses Feld zu weit, um es mir zuzueignen.

König. Ihr seid an meinem Hofe willkommen.

Prinzessin. Ich nehm es an, führt mich hinein.

König. Hört mir zu, teure Lady, ich hab einen Eid geschworen.

Prinzessin. Helfen Euch unsre lieben Frauen, so ist es ein Meineid gewesen.

König. Um eine Welt nicht, schönste Prinzessin, mit meinem Willen nicht.

Prinzessin. Euer zweiter Willen wird den ersten wollen lehren.

König. Eure Herrlichkeit weiß nicht was es ist.

Prinzessin. Oft ist das Nichtwissen weise und das Zuvielwissen Unwissenheit. Ich hör, Eure Herrlichkeit hat verschworen eine Haushaltung zu führen: es ist in der Tat soviel Sünde einen solchen Eid zu halten als ihn zu brechen. Aber verzeiht mir, daß ich so dreist bin einem Gelehrten zu predigen, geruhet lieber die Absicht meiner Anherokunft zu lesen und mich aufs geschwindeste abzufertigen.

König. So geschwind als es mir möglich sein wird.

Prinzessin. Ihr wünschet mich wohl schon fort, ich mach Euch mit jeden Augenblicke meineidiger.

Biron. Hab ich nicht in Brabant mit Euch getanzt?

Rosaline. Hab ich nicht in Brabant mit Euch getanzt?

Biron. Ich erinnere mich's recht gut.

Rosaline. Also war es überflüssig, daß Ihr frugt?

Biron. Ihr seid zu schnell im Antworten.

Rosaline. Ihr spornt mich mit Euren Fragen.

Biron. Euer Witz nimmt Reißaus, er wird müde werden.

Rosaline. Nicht eher als bis sein Reuter im Kote liegt.

Biron. Wenn soll das geschehen?

Rosaline. Wenn mich ein Tor fragen wird.

Biron. Laßt Ihr die Maske fallen.

Rosaline. Ist mein Gesicht so schön als sie?

Biron. Es wird Euch viel Anbeter herbeiziehn.

Rosaline. Wenn Ihr nur nicht drunter seid.

Biron. So muß ich wohl gehn.

König. Madame! Euer Vater erwähnt hier der Zurückzahlung von hunderttausend Kronen, der Hälfte der Summe die mein Vater ihm zum letzten Kriege vorgeschossen ich muß Euch sagen, weder er noch ich haben je dies Geld gesehen, und auch in dem Fall würden immer noch hunderttausend zu bezahlen übrig sein, zur Entschädigung machen wir auf einen Teil von Aquitanien Anspruch, obgleich es unter dem Werte unserer Schuldforderung ist. Versteht sich also der König Euer Vater, mir diese gewiß noch unbezahlte Hälfte wiederzuerstatten, so wollen wir unser Recht auf Aquitanien fahrenlassen. Allein wie es scheint, ist er's nicht willens, er will meinem Vater hunderttausend Kronen bezahlt haben, und denkt mit keinem Worte an die Bezahlung der andern Hälfte. Also, schönste Prinzessin! wären seine Foderungen nicht so hoch gespannt, so entfernt von allem vernünftigen Nachgeben, so würde Euer schönes Selbst schon längst das ganze Gefühl meines Rechts zum Nachgeben gezwungen haben und Ihr würdet vollkommen befriedigt nach Frankreich zurückkehren.

Prinzessin. Ihr tut dem Könige meinem Vater ein zu schmerzhaftes Unrecht und dem Ruhme Eures königlichen Namens nicht weniger, wenn Ihr so beharrlich drauf besteht, das Geld nicht empfangen zu haben, das Euch doch treulich ist ausgezahlt worden.

König. Ich beteure Euch nie etwas davon gehört zu haben: könnt Ihr mir's beweisen, so will ich's Euch zurückbezahlen, oder mein Recht zu Aquitanien aufgeben.

Prinzessin. Wir halten Euch bei Eurem Worte. Bojet, du kannst Quittungen vorzeigen.

Bojet. Verzeihe Euer Herrlichkeit, das Paket, worin diese und andere wichtige Papiere befindlich soll morgen erst ankommen.

König. Es soll mir genug sein sie gesehen zu haben, so will ich nachgeben, – so viel ich kann. Mittlerweile empfangt von mir den Willkomm den Euch meine unverletzte Ehre geben kann, ich darf Euch die Tore nicht öffnen, teure Prinzessin, aber Ihr sollt hier dennoch so gut sein, daß ihr glauben sollt, ich hab Euch für die versagte Herberge in meinem Hause eine in meinem Herzen gegeben: Eure schöne Seele mag mich entschuldigen, und so lebt wohl. Morgen darf ich Euch wieder besuchen.

Prinzessin. Der Himmel erhalte Euch fröhlich.

König. Euren Wunsch zurück, gnädige Frau! *(Ab.)*

Biron. Lady, Ihr seid meinem Herzen anbefohlen.

Rosaline. Tut was ich Euch befehle, es wird mir viel Vergnügen machen.

Biron. Ich wünscht' Ihr könntet es seufzen hören. *(Ab.)*

Dümain. Mein Herr! ein Wort – wie heißt jene Dame.

Bojet. Rosaline, Tochter des Alfonso.

Dümain. Sehr liebenswürdig. Lebt wohl. *(Ab.)*

Longaville. Auf ein Wort, mein Herr! wer ist die im weißen?

Bojet. Tochter des Faulconbridge.

Longaville. Eine sehr angenehme Dame. *(Ab.)*

Bojet. Wenn meine Beobachtungen, die mir sehr selten fehlen, wenn ich die Rhetorik der Herzen in den Augen studiere, mich diesmal nicht betrügen, so ist Navarra angebrannt.

Rosaline. Du bist in Liebeshändeln alt geworden.

Maria. Er ist Cupidos Großvater und geht noch immer bei ihm in den Klassen.

Rosaline. So muß Venus ihrer Mutter ähnlich sehen, denn sonst würde sie garstige Züge haben.

Bojet. Ihr könnt doch hören, Närrchen!

Maria. Nein.

Bojet. So könnt Ihr doch sehn. Habt Ihr ihn nicht angesehen, als er vor ihr stand?

Rosaline. Nein, wir sehen nur immer vor uns.

Bojet. Ja so ist mit Euch auch nicht zu sprechen.

DRITTER AKT

ERSTE SZENE

Der Park.

Armado und Mot. Mot singt.

Armado. Zwitschere Kind! mach den Sinn meines Ohrs empfindlich.

Mot *(singt).*

Armado. Gut Lied! geh zartes Alter! nimm diese Schlüssel! schenk dem Schäfer die Freiheit, bring ihn ungesäumt zu mir, ich muß ihn mit einem Briefe an meine Liebste schicken.

Mot. Herr, wollt Ihr Eure Liebste auf französisch gewinnen?

Armado. Wie das, lieber Junge?

Mot. Ein Liedchen mit dem End' Eurer Zunge tanzen, mit Euren Füßen dazu singen, und das alles durch Auf- und Abziehen Eurer Augenbraunen beleben, eine Note seufzen, die andere singen, und wenn Ihr im Singen zuviel Liebe heruntergeschluckt, sie durch die Nase wieder von Euch geben, Euren Hut wie eine Regenrinne tief über den Kramladen Eurer Augen vorgeschoben, die Arme kreuzweis über Euren Brustlatz gelegt wie ein Kaninchen am Bratspieße, oder Eure Hände in den Rocktaschen wie ein Mann in einem uralten Gemälde – nur müßt Ihr nie zu lang in einer Melodie fortfahren, das sind die Manieren, das sind die Launen, denen die feinsten Koketten nicht halten können, wodurch Ihr Euch unsterblich macht wie Eroberer.

Armado. Wo hast Du alle die Erfahrungen her?

Mot. Von mir selber.

Armado. Aber o! aber o!

Mot. Bald hättet Ihr Eure Liebste über meine Erfahrungen vergessen.

Armado. Führ mir den Schäfer her, er soll ihr den Brief bestellen.

Mot. Schöne Gesandtschaft! ein Pferd nach einem Esel.

Armado. Was sagst du?

Mot. Ihr könntet doch lieber das Pferd zu Eurer Botschaft brauchen, als es erst nach dem Esel gehen lassen.

Armado. Es ist nicht weit, geh geschwind.

Mot. Wie Blei.

Armado. Was denn, seltsamer Witz! ist Blei nicht ein schweres träges Metall?

Mot. Minime.

Armado. Ich sage, Blei ist langsam.

Mot. Und Ihr schnell im Verleumden. Ist das Blei langsam das aus dem Laufe einer Flinte kommt?

Armado. Angenehmer Rauch der Wohlredenheit! Er vergleicht mich der Kanone und er ist die Kugel. Geh denn, ich schieße dich zum Schäfer.

Mot. Bautz! – *(Ab.)*

Armado. Ein sehr scharfsinniger Knabe! voller gelenksamen freien Annehmlichkeiten. Mit deiner Erlaubnis, angenehmes Firmament! ich muß dir ins Gesicht seufzen. Strenge Melancholei, du hast meine Stärke übermannet. Aber da kommt mein Herold.

ZWEITE SZENE

Mot. Costard zum Vorigen.

Armado. Du bist frei, Hirte – und ich lege dir für diese Entlassung keine andere Bedingung auf, als diesen Brief zur Nymphe Jakobina zu tragen, da ist ein Rekompens dafür, denn der beste Lohn wird denen die mir gehorchen. Mot, du folgst mir.

Mot. Wie eine Konklusion den Prämissen. Adieu Laie. *(Ab mit Armado.)*

Costard. Adieu, eine Unze Mannsfleisch! du mein Kaninchen – Rekupens das ist wohl das lateinische Wort von einem Zwölfpfenningsstücke. Ich möchte wissen, wieviel Ellen Band ich für einen Rekupens zu kaufen bekäme, weil die Leute das Latein nicht verstehn.
(Biron kommt.)

Biron. O mein guter lieber Costard! vortrefflich, daß du mir hier in den Wurf kommst.

Costard. Sagt mir doch, Herr! wieviel Ellen feuerfarben Band kriegt man für einen Rekupens?

Biron. Was ist das?

Costard. Wißt Ihr das nicht? So viel als zwölf Pfenninge.

Biron. So kriegst du für zwölf Pfenninge Band dafür.

Costard. Ich dank Eurer Herrlichkeit! Gott erhalt' Eure Herrlichkeit dafür.

Biron. Wart Bursch! ich muß dich ausschicken. Willst du meine Gunst haben, so tu was ich verlange.

Costard. Wenn wollt Ihr's getan haben?

Biron. Diesen Nachmittag.

Costard. Gut! so will ich's tun. Lebt wohl.

Biron *(hält ihn zurück)*. Du weißt ja noch nicht was es ist.

Costard. Sagt mir's, wenn ich's werde getan haben.

Biron. Wart doch Schurke! du mußt ja erst wissen was.

Costard. Ich will morgen früh zu Euch kommen.

Biron. Du hörst ja, es soll den Nachmittag sein. Höre mir zu, Kohlkopf! Die Prinzessin kommt in den Tiergarten zu jagen, in ihrem Gefolge ist eine so schöne Dame, daß man ein Konzert macht, wenn man ihren Namen nur ausspricht, Rosaline heißt sie, frag nach ihr, übergib ihrer schönen Hand dies versiegelte Briefchen. Da hast du ein Trankgeld.

Costard. Trankgeld! o schönes Trankgeld! besser als Rekupens, zwölf Pfenning besser, allerliebstes Trankgeld. Ich will tun, was Ihr verlangt, Herr! o Trankgeld, Trankgeld. *(Ab.)*

Biron. O und ich! in Liebe versunken! sonst die Geißel der Verliebten, der Büttel jedes zärtlichen Seufzers, Richter – nicht – Nachtwächter, Konstabel, keifender Schulmeister der jugendlichen Regungen, o kein Sterblicher so stolz und vermessen als ich. Dieser wimmernde, gellende, stockblinde, unnützige Junge Cupido, der König schnarrender Sonette, Herr zusammengeschlagener Arme, Fürst der Seufzer und o! Lehnsherr aller Faullenzer und Tagdiebe, Selbstherrscher der Unterröcke, Heerführer der Pflastertreter – (herunter mein Herz!) und ich der Korporal unter seinem Leibschwadron! Ich der Reifen, durch den dieser Seiltänzer seine Sprünge macht. Ich liebe, ich verfolge, ich hetze ein Weib – ein Weib! – das wie eine Uhr aus Deutschland alle Augenblick muß repariert werden und doch nimmer richtig geht – und werde meineidig darüber – und was das schlimmste ist, liebe von allen dreien gerade die häßlichste. Ein blasser Wildfang mit schwarz sammetnen Augenbraunen und die Pechkugeln in ihrem Kopfe statt Augen. Und eine, beim Himmel! die euch ihre Sachen machen würde, und wenn Argus selber ihr Verschnittener wäre. Und ich bei ihr flehen – ich sie bewachen. Geh doch! es ist eine Pestbeule, mit der Cupido mich im Schlafe infizierte, dafür daß ich seine allmächtige schröckliche kleine Macht verspottete. Gut, ich will lieben, schreiben, seufzen, weinen, bitten, verfolgen, schmachten, zum Narren werden, weil er es so haben will, und es einmal nicht mehr zu ändern ist. *(Ab.)*

VIERTER AKT

ERSTE SZENE

Ein Seitengebäude im Park, nah am Palaste.

Prinzessin. Rosaline. Maria. Catharina. Lords. Gefolge. Ein Förster.

Prinzessin. War's der König, der sein Pferd den Fußsteg bergan spornte?

Bojet. Ich glaub nicht, daß er es war.

Prinzessin. Wer es auch war – er zeigt' einen emporstrebenden Geist. Meine guten Lords, macht Euch fertig, wir sollen heute Bescheid erhalten und Samstag geht es nach Frankreich *(zum Förster)* weist uns den Dickicht an, wo wir die Mörder spielen sollen.

Förster. An der Ecke jener Baumschule bleibt stehen, da werd't Ihr gewißlich nicht fehlschießen.

(Costard kommt.)

Bojet. Hier kommt ein Mitglied des gemeinen Wesens.

Costard. Ich hab einen Brief vom Herrn Biron an die Dame Rosaline.

Prinzessin. O her damit, her damit, er ist mein guter Freund – Entfernt Euch, Bote! Brich auf, Bojet!

Bojet. Der Brief ist unrecht. Die Adresse ist an Miß Jakobinen.

Prinzessin. Es schadet nichts, wir müssen ihn einmal hören, brich dem Siegel nur den Hals.

Bojet *(liest).* »Beim Himmel! daß du schön bist, ist untrüglich, wahr ist's, daß du hübsch aussiehst und daß du ein feines Gesicht hast, die lautere Wahrheit. Schöner als schön, hübscher als hübsch, wahrer als die Wahrheit selbst, hab Erbarmen mit deinem heroischen Sklaven. Der großmütige und berühmteste König Cophetua warf ein Auge auf die gefährliche und unbezweifelte Bettlerin Zenelophon, er war's der mit Recht sagen konnte: veni, vidi, vici, das heißt, in die gemeine Sprache aufgelöst (o höchst niedrige und gemeine Sprache) er kam, sahe und überwand, er kam, eins, sah, zwei, überwand, drei. Wer kam, der König, warum kam er, zu sehen, warum sah er, zu überwinden, zu wem kam er, zur Bettlerin, was sah er, die Bettlerin, wen überwand er, die Bettlerin. Die Konklusion ist Sieg, auf wessen Seite, auf der Bettlerin, die Sklaverei ist beglückt, auf wessen Seite, auf des Königs, die Katastrophe ist eine Hochzeit, auf wessen Seite, auf der Bettlerin, nein! auf beiden Seiten zugleich. Ich bin der König (so verlangt es das Gleichnis), du bist die Bettlerin (so verlangt es deine Liebenswürdigkeit). Soll ich deiner Zärtlichkeit befehlen. Fast möchte ich. Soll ich sie zwingen? ich könnte es. Soll ich sie zu erwerben suchen? ich will. Was wirst du für deine Lumpen eintauschen? Kleider, für deinen Namen? Titel, für dich selbst? mich. Also – also in Erwartung deiner Antwort profaniere ich meine Lippen an deinen Füßen, meine Augen an deinem holdseligen Gesichte und mein Herz an allen deinen Gliedmaßen. Dein in teurester Ergebenheit Don Adriana von Armado.«

So möchte man glauben einen Nemeischen Löwen zu hören, der ein Lamm, das als seine Beute vor ihm zittert, zum Spielzeuge macht.

Prinzessin. Was für ein Federbusch, was für eine Kirchenfahne, was für ein Wetterhahn hat den Brief geschrieben? Hab ich in meinem Leben so etwas gehört.

Bojet. Ich bin selbst irre geworden – aber nun erkenn ich ihn am Stil.

Prinzessin. Euer Gedächtnis müßte rasend schwach sein, wenn es einen solchen Stil nicht wiedererkennte.

Bojet. Dieser Armado ist ein Spanier, der sich zu Navarra aufhält, ein Phantast den König und seine Büchermaden lachen zu machen, mit einem Worte, ein gelehrter Hofnarr.

Prinzessin. Du Bursche, von wem hast du den Brief?

Costard. Ich hab's Euch ja gesagt, von meinem Herrn an seine Lady.

Prinzessin. Du hast unrecht bestellt – Kommt, Ihr Herren, paßt auf, daß wir nicht fehlen. *(Alle ab.)*

ZWEITE SZENE

Ein Schuß im Walde.

Dull (Konstabel). Holofernes (Schulhalter). Nathanael (Kaplan) treten auf.

Nathanael. Ein ehrenwerter Zeitvertreib, wahrlich, unter dem Zeugnisse eines guten Gewissens.

Holofernes. Das arme Wildpretlein verlor sanguis Blut, wie ein Juwel der itzt in dem Ohre hängt coeli des Horizonts, des Firmaments, des Himmels, und dann wie ein kleiner wilder Holzapfel auf die Oberfläche herabfällt terrae, des Bodens, des Landes, der Erde.

Nathanael. Wahrlich, Herr Holofernes! Sie haben da gar artige praedicata angebracht, aber ich versichere Ihnen doch in der Tat, es war ein Rehe von der ersten Größe.

Holofernes. Mein Herr Kaplan, haud credo.

Dull. Herr, es war keine Hautkrödo, 's war ein Hirschkalb.

Holofernes. O barbarischer Einwurf! gleich als ob er in via auf dem Wege, auf der Bahn wäre, mir wider mein haud credo ein argumentum von Erheblichkeit facere zu machen, oder vielmehr ostentare zu scheinen, glänzen, schimmern.

D u l l. Ich sagte, das Tier war kein haud credo, es war ein Hirschkalb.

H o l o f e r n e s. Aufgewärmte Einfalt! bis coctus. O du monstrum der Unwissenheit.

N a t h a n a e l. Herr, er hat nie die Leckerbißlein gekostet, die uns in den erbaulichsten Büchern zubereitet werden, er hat kein Papier gessen, keine Dinte trunken, seine Seele ist ungebauet und leer, nur an den gröbern Teilen empfindlich. Diese niedrigen und unfruchtbaren Bäume sind uns dargestellt, daß wir sollen dankbar sein, wir die wir nur an den feinern Teilen empfinden, die ihm gänzlich verschlossen sein. Denn so wie es uns übel anstehen würde, hölzern und grob zu tun, so wäre es ein wahrer Schandfleck für die gelehrte Welt, wenn man ihn in eine Schule täte. Aber omne bene sag ich, mancher kann das Wetter nicht vertragen, und segelt doch mit dem Winde.

D u l l. Ihr seid doch beide von den Studierten, Herr! könnt Ihr mir sagen, was war einen Monat alt zu Adams Zeiten, das noch itzunderst nicht fünf Wochen alt ist.

H o l o f e r n e s. Dictinna guter Freund, Dictinna guter Freund.

D u l l. Was ist das dick dünn, was ist das?

N a t h a n a e l. Ein Name für Phöbe, für Luna, für den Mond.

H o l o f e r n e s. Der Mond war einen Monat alt als Adam nicht älter war, und hatte es noch nicht zu fünf Wochen gebracht, da Adam schon hundert Jahre zählte. Die Allusion läßt sich auch noch so verändern, der Mond –

D u l l. Das ist wahr in der Tat, die Kollusion läßt sich verändern.

H o l o f e r n e s. Gott stärke deinen Verstand, ich sage die Allusion läßt sich verändern.

D u l l. Und ich sage, die Pollution läßt sich verändern. Denn der Mond ist niemals nicht älter als einen Monat und ich bleibe dabei, es war ein Hirschkalb das die Prinzessin schossen hat.

Holofernes. Herr Nathanael, wollt Ihr ein epitaphium ex tempore hören auf den Tod dieses Tiers, diesem armen Unwissenden zum Besten.

Nathanael. Perge, wertester Herr Holofernes, perge, es wird mir viel Vergnügen verursachen.

Holofernes. Die Wissenschaften zu retten – hm! –

Epitaphium.

Die schöne Prinzessin schoß und traf
Eines jungen Hirschlein Leben:
Es fiel dahin in schwerem Schlaf
Und wird ein Brätlein geben.
Der Jagdhund boll. Ein L zu Hirsch
So wird es dann ein Hirschel;
Doch setzt ein römisch L zu Hirsch,
So macht es fünfzig Hirschel.
Ich mache hundert Hirsche draus,
Schreib Hirschell mit zwei LLen.

Nathanael *(schlägt in die Hände)*. Ein rares Talent.

Holofernes. He he he, es ist mein Pfündlein, damit ich wuchere, simpel und doch außerordentlich, voll Formen, Figuren, Objekten, Ideen, Apprehensionen, Motionen und Revolutionen. Diese erzeugen sich in der Herzkammer des Verstandes, werden in der pia mater des Gedächtnisses genährt und der Gelegenheit zur Zeitigung überlassen. Aber diese Gabe ist nur für wenige Köpfe und ich bin dankbar dafür.

Nathanael. Herr, ich preise den Himmel für ihn und alle meine lieben Pfarrkinder gleichfalls, ihre Söhne sind gar gut versorgt bei Euch, und ihre Töchter nehmen augenscheinlich zu, Ihr seid ein gar tüchtiges Mitglied des gemeinen Wesens.

Holofernes. Me hercule wenn ihre Söhne ingenium haben, so ist meine Mühe gar geringe und wenn ihre Töchter fähig sind, gebe ich ihnen fröhlichen Unterricht. Aber vir sapit qui pauca loquitur. Dort grüßt uns eine Weibsperson.

(Jakobina und Costard zu den Vorigen.)

Jakobina. Gott grüß Euch, Herr Pfarr, seid doch so gut, Herr Pfarr, wenn Ihr wollt so gut sein und mir diesen Brief lesen, er kommt vom Herrn Arme, Costard hat ihn mir gegeben, ich bitt Euch sehr.

Nathanael. Fauste precor gelida quando pecus omne sub umbra ruminat und so ferner. Gebt ihn daher. *(Liest heimlich.)* Ach der gute alte Mantuaner, fast möchte ich von ihm sagen, was der Reisende von Venedig venechi venachea qui non te vide i non te piache, alter Mantuaner! alter Mantuaner! wer dich nicht versteht, dem gefällst du auch nicht. Ut re mi sol la mi fa.

Holofernes. Mit Erlaubnis, Herr, was ist der Inhalt, oder vielmehr wie Horatius sagt, – was seh ich? Verse?

Nathanael. Ja Herr! und sehr gelehrte.

Holofernes. Laßt mich doch eine Strophe, Stanze, Rhythmus hören, lege domine!

Nathanael *(liest).*

»Meineidig macht die Lieb' und dennoch darf sie schwören,
Und heilig wird der Eid den sie der Schönheit schwört.
Ach Schönheit! Eichen kann dein Feu'r in Weiden kehren,
So wie es Wankelmut in feste Treu' verkehrt.
All mein Studieren lenkt anjetzt auf andre Bahn
Dein Aug' ist nun mein Buch, dein Busen Sitz der Künste,
Und alles außer dir ist Wahn ist Hirngespinste,
Und die gelehrte Sprach' ist, wenn ich seufzen kann.
Fort Laien in den Stall die, wenn Du da bist, sinnen
Mein Ruhm mein Studium ist sinnenlos zu stehn
Du raubst mich mir alsdenn, du reißest mich von hinnen,
Sobald du dich entfernst, o dann muß ich vergehn.
Verzeihe, Himmlische, dem schulgelehrten Schwunge
Daß ich den Himmel sing mit einer ird'schen Zunge.«

Holofernes. Ihr fandet die Apostrophe nicht, und darum verfehltet Ihr die Zäsur. Gebt mir her, da fehlt es im Silbenmaße.

Nathanael. Das Silbenmaß ist ganz richtig, aber die Zierlichkeit, die goldene Kadenz der Poesie caret. Ovidius Naso, das war der Mann. Und warum hieß er Naso? warum anders, als weil er die Zierlichkeit der poetischen Blümlein so wohl zu riechen wußte. Die Stärke der Nachahmung macht es noch nicht aus, das kann der Hund und der Affe auch, aber Jungfer! war der Brief an Euch gerichtet?

Jakobine. Herr, ich glaube, er ist von einem der fremden Lords.

Nathanael *(die Aufschrift lesend).* »Für die schneeweiße Hand der schönen Rosaline.« Halt! die Unterschrift ist vom Lord Biron. Das ist einer von den Eidgenossen unsers guten Herzogs.

Dull. O das ist ein Braten für mich. Der König hat verboten an keine Lady zu sprechen, geschweige zu schreiben, ich bin Sr. Majestät Konstabel, geh Jakobine, komm zum Könige, gib ihm den Brief in seine eigene Hände, sag ihm, Dull der Konstabel schickt dich, geh, sag ihm, er ist nicht an dich, Costard hat ihn verwechselt.

Nathanael. Ja geht nur in der Furcht des Herrn, Kinder! das ist eine Felonie, geht nur.

Holofernes. Weil die Verse doch so schlecht sind, werter Herr Nathanael, he he he, freilich, freilich. Ich speise heut zu Mittage bei dem Vater einer meiner Schülerinnen, ich will nach dem privilegio, das mir mein treuer Fleiß an diesem subiecto gibt, Euch höflichst dort zu Gaste geladen haben und da wollen wir von diesen entsetzlichen Versen he he he weiterst miteinander reden.

Nathanael. Ich danke Euch freundlichst. Die Gesellschaft ist das Glück des Lebens.

Holofernes. Also lade ich Euch denn, werter Herr Nathanael, pauca verba. Kommt nur, die Hochadelichen jagen hier auf dem Felde, und wir wollen das Wildpret in der Schüssel jagen, he, he, he. *(Gehen ab.)*

VIERTE SZENE

Biron allein, ein Papier in der Hand.

[Biron.] Der König jagt itzt – und ich werde gejagt. Sie sind erpicht auf Wildpret und ich auf Pech, auf besudelndes Pech – pfui welch ein Wort! Laßt mich zufrieden, Gedanken – so sprechen alle Narren – so sprech ich, denn ich bin ein Narr. Beim Henker! die Liebe ist wütend wie Ajax, er brachte Schafe um, sie bringt mich um, ich bin ein Schaf. Wieder ein schönes: ich bin. – Ich will nicht lieben, hängt mich auf, wenn ich's tue – aber ihr Auge – nein! bei diesem Tageslicht – oh, aber ihre Augen, ich will sonst nichts lieben als ihre Augen. Ach ich tu auf der Welt nichts als lügen und immer beständig ärger lügen, beim Himmel! ich liebe, diese Reime sind ein Beweis davon. Sie hat schon eines von meinen Sonetten, der Schäfer bracht's ihr, der Narr schickt' ihr, die Spitzbübin hat's, guter Schäfer, guter Narr, allerliebste Spitzbübin. Bei der ganzen Welt, ich früge kein Haar nach, wenn die andern so tief drin säßen als ich. Hier schleicht auch einer mit einem Papiere heran, tröste Gott, es geht ihm wie mir. *(Tritt hinter eine Hecke.)*

(König tritt auf.)

König. Weh mir!

Biron. Geschossen beim Himmel! bravo Cupido, du hast ihn unter der linken Zitze getroffen.

König *(liest).*

»So sanften Kuß gibt nicht der Sonnen Strahl
Den Tropfen, die sie früh auf Rosen findet,
Als deine Blicke der verliebten Qual
Die sie auf meiner Wang entzündet.
Auch spielt der Mond so sanftes Silber nicht
In Amphitritens dunklen Gründen
Als dies dein alabasternes Gesicht
In Tränen, die sich mir vom Auge winden.
O Götterbild! hier triumphierest du
Wie aus Kristall gehaun auf Kosten meiner Ruh

So sieh nur immer her, die Tränen schwellen an
Zu zeigen was du wert, und was ich fühlen kann.«

Ach wenn deine Augen den Spiegel meiner Tränen vermeiden, so müssen sie unaufhörlich fließen. Königin der Königinnen! wie schön bist du! kein Gedanke kann es ausdenken, kein Mund beschreiben, wie soll ich dich mit meiner Pein bekannt machen? Ich will den Zettel hier fallen lassen, getreues Laub, beschirme meine Torheit – Wer kommt da? *(Verbirgt sich.)*

(Longaville tritt auf.)

König. Longaville! und liest – horchen wir! *(Vor sich.)*

Biron. Ein Narr macht viele. *(Vor sich.)*

Longaville. Weh, ich bin meineidig.

Biron. Und hast's aufgeschrieben, daß du's bist.

König. Angenehme Gesellschaft der Schande!

Biron. Ein Trunkener taumelt dem andern hinterher.

Longaville. Muß ich denn der erste sein der seinen Eid bricht.

Biron. Ich könnte dich trösten, du machst nur den letzten zu unserm Triumvirate.

Longaville. Ich fürchte, diesen halsstarrigen Reimen fehlt sonst nichts als die Kraft zu rühren. Angenehmste Marie! Kaiserin meiner Liebe, ich will diese Verse zerreißen und sie in Prosa schreiben.

Biron. O die Reime sind die Knöpfe an Cupidos Pumphosen, reiße sie nicht ab.

Longaville. Es mag hingehen. *(Liest.)*

»Nur die Beredsamkeit der himmelblauen Augen
Der Zauberkräfte nicht zu widerstehen taugen,
Bewog zum Meineid mich. Entwehrt ein falscher Eid
Um deinetwillen, nicht selbst die Gerechtigkeit?
Ich schwur den Weibern ab, doch ich
Verschwur nicht Göttinnen, verschwur nicht dich.
Ach ich verschwur die Welt, doch nicht ein himmlisch Bild
Das selbst des Frevlers Brust mit Fried erfüllt.
Ja Eide sind nur Atem, Atemluft,
Du schöne Sonne scheinst auf meine Erde,

Du ziehst ihn auf, den Wasserduft,
Was ist die Schuld, wenn ich meineidig werde?
Und wär ich es, ach lieber Straf und Pein
Als nicht für dich meineidig sein.«

Biron. Das ist eine verhenkerte Ader, die macht Fleisch und Bein zur Gottheit, eine grüne Gans zur Göttin, nichts als Abgötterei, Gott steh uns bei, wir sind alle vom rechten Weg ab.

(Dümain in einiger Entfernung.)

Longaville. Durch wen schick ich's ihr – Gesellschaft! fort! *(Verbirgt sich gleichfalls.)*

Biron. Wir spielen Versteckens, einer nach dem andern verkriecht sich. Und ich, wie ein Halbgott, sitze hier in meinem Himmel und seh hinab in die Geheimnisse der Toren. Noch einer! o Himmel! all meine Wünsche sind erfüllt! Dümain auch metamorphosiert, vier Schnepfen auf einer Platte.

Dümain. O göttliche Käthe!

Biron. O elender Hasenfuß!

Dümain. Beim Himmel, ein Wunder der Schönheit!

Biron. Bei der Erde, Ihr lügt.

Dümain. Ihr goldenes Haar!

Biron. Ein goldgelber Rabe!

Dümain. Schlank wie eine Zeder.

Biron. Krumm, sag ich, wie ein Fiddelbogen.

Dümain. O hätt' ich meinen Wunsch!

Longaville. Und ich meinen.

König. Und ich meinen.

Biron. Amen und ich meinen! das war das erste gescheite Wort, das er sprach.

Dümain. Ich wollte sie gern vergessen, aber sie herrscht wie ein Fieber in meinem Blute.

Biron. Laß sie heraus, laß dich zur Ader.

Dümain. Ich will doch die Ode noch einmal durchgehn, die ich für sie aufgesetzt.

Biron. Und ich noch einmal hören, wie die Liebe den Witz verwirrt.

D ü m a i n *(liest).*

»Eines Tags – verhaßter Tag!
In dem Mond, wo Zärtlichkeiten
Mit den Rosen sich verbreiten,
Da entdeckt ich, heller als den Tag,
Eine Rose voll Vollkommenheiten,
Die dem Zephir offen lag.
Durch die seidnen Blätter macht
Er sich Bahn in rote Nacht.
Wünschend stand ich, sah ihm zu,
Wär ich, ach! von Luft wie du.
Dürfte so mit vollen Backen
Ihre schönen Wangen packen.
Und sie küssen dreist wie du.
Aber weh! ein Schwur hält mich zurücke,
Daß ich, Göttin, dich aus Dornen pflücke:
Welch ein Schwur für heißes Blut
Von der allerreinsten Glut!
Nenn es, Schönste! kein Verbrechen
Den Tyranneneid zu brechen.
Ach um deinetwillen schwür
Jupiter sein Weib zum Mohren,
Seine Tochter ungeboren.
Und sich selbst zu einem Stier.«

Ich muß ihr dann noch eins schicken, das minder gelehrt ist und meine Sehnsucht mit wenigerm Umschweife ausdrückt. Wäre doch der König und seine zwei Magister Zugaben zu meinem bösen Exempel, daß ich nicht allein gebrandmarkt dastünde. Im Lande der Hinkenden ist Hinken keine Sünde.

L o n g a v i l l e. Deine Liebe hat wenig von der christlichen an sich. *(Geht hervor.)* Ihr erblaßt, Ritter! ich würde erröten wenn man mich so ertappt hätte.

K ö n i g *(geht hervor).* Wohlan, so erröte dann! du hast's ebensoviel Ursache ja vielmehr du bist doppelt so strafbar, da du den Schein der Gerechtigkeit vor dir trägst. Nein, Longaville machte kein Sonett auf Marien, er legte seine

Arme nicht kreuzweis über den Busen, um sein Herz hinunterzudrücken. Ich bin hier im Busche versteckt gelegen, hab euch beide behorcht, bin für beide errötet. Ich hört' eure verräterischen Reime, sah euren Mund von Seufzern rauchen, weh mir, sagte der eine, Jupiter schrie der andere, deren Haare waren Gold, deren Augen schöner als der Tag, der wollte um seiner Göttin willen verdammt sein, der machte Jupitern zum Ochsen seiner Käthe zu gefallen. Was würde Biron sagen, wenn er euch gehört hätte, euch strenge Gesetzgeber! ha, wie würd' er schmähen, wie den Witz die Geißel schwingen lassen! Um aller Reichtümer der Welt willen wollt ich nicht über einen so schändlichen Einbruch von ihm überfallen worden sein.

Biron *(geht hervor)*. Verzeiht, gnädigster Souverain! verzeiht mir, daß auch ich hier bin. Gutes Herz! Was für Recht hattet Ihr, über diese arme verliebte Würmelein herzufahren? Nein, Ihr bettetet eine gewisse Prinzessin nicht in Euren Tränen, wo ihre Schönheit öffentlich zur Schau lag, nein Ihr wart nie meineidig, Ihr machtet nie Sonette. Ha ha ha alle drei, daß einer den andern überlisten wollte, der fand dessen Splitter im Auge, der König dessen, und ich Balken in allen dreien. O was für einer buntscheckigen Farce hab ich zugesehen, von Seufzern gereimtem Unsinne, unsinniger Prose, Raserei und Tränen. Einen großen König in eine Grille verwandelt, Herkules den Kreisel peitschen, den tiefsinnigen Salomo einen Bauerntanz fiddeln, Nestor mit den Gassenbuben kegeln, und Timon Gespensterhistörchen erzählen. Wo tut es weh, sagt mir's, guter Dümain, Ihr edler Longaville, wo fühlt Ihr die meisten Schmerzen, und Ihr, teurester Souverain! –

König. Dein Scherz wird bitter. Himmel! so verraten.

Biron. Nicht Ihr seid verraten, ich, ich bin's, ich ein ehrlicher Schelm, der es treuherzig mit seinem Eide meinte, ich der mich zu einer Gesellschaft tat, die meine Gewissenhaftigkeit nur zum besten hielt.

König. Still! wer kommt da so eilfertig.

Biron *(beiseite sich in den Finger beißend)*. Daß dich das –

mein Postillon d'amour.
(Costard und Jakobine.)

Jakobine. Viel Glück dem Könige!

König. Was bringt ihr?

Costard *(immer bückend).* Eine verräterische Verräterei.

König. Was sagt ihr?

Jakobine. Ich bitte Ew. Majestät diesen Brief zu lesen. Der Konstabel schickt mich her, der Pfarr sagt es wär Verräterei.

König. Biron lies ihn durch und sag mir was es ist. *(Biron stellt sich zu lesen.)* Von wem hast du ihn?

Jakobine. Von Costard.

König. Und du?

Costard. Vom Don Adramadio.

König. Wie nun, warum wirst du unruhig, warum zerreißest du – Biron.

Biron. Eine Kinderei, Ew. Majestät – es war nichts.

Longaville. Aber er ward rot beim Lesen, laßt uns hören was es war?

Dümain *(die Stücken auflesend).* Ach es ist Birons Hand und hier ist sein Name.

Biron *(zu Costard drohend).* Du Hurensohn von Dummheit – Schuldig! mein Fürst! ich bekenne, ich bekenne.

König. Was?

Biron. Daß noch einer fehlte, die Zahl voll zu machen, und dieser Narr bin ich. Entlaßt diese saubere Abgesandtschaft, und Ihr sollt Wunder hören.

Dümain. So haben wir doch gerade Zahl.

Biron *(zu Costard).* Wollen die Turteltauben wohl gehn.

Costard. Spazier davon ehrliche Leut. *(Ab mit Jakobinen.)*

Biron. O werte Gesellen! laßt uns einander umarmen. Wir sind so brav gewesen, als Fleisch und Blut es nur immer sein kann. Die See will ebben und fluten, der Himmel heitern und regnen, so kann auch junges Blut alten Gesetzen nicht gehorchen, so können wir die Ursache nicht auswurzeln, durch die wir existieren, und daher war es leicht vorauszusehn, daß wir meineidig werden mußten.

König. Also der zerrissene Brief war ein Liebes – –

Biron. Ob's war? und Ihr fragt noch? wer kann die himmlische Rosaline sehen und nicht wie ein Indianer, der die Sonn' aufgehen sieht, sein Haupt sklavisch vorwärts bücken, und blind von Glanz mit niedriger Brust die Erde küssen? Welches vermessene Adlerauge könnte die Sonne unter ihren schwarzen Augenbraunen ansehn, ohne zu weinen.

König. Mit welcher Wut du ihre Lobrede machst. Die Prinzessin, meine Gebieterin ist ein helleuchtender Mond, sie ein Stern aus ihrem Gefolge, ein zwitserndes Licht, das kaum gesehen wird.

Biron. So sind denn meine Augen nicht Augen, und ich nicht Biron. Ha, gegen meine Liebe ist selbst der Tag Nacht, die auserlesensten Teints entschiedener Schönheiten liegen wie in einer Messe auf ihrem Angesichte versammlet, fließen in eine Götterfarbe zusammen, wo der Mangel selbst keine Mängel entdecken kann. O alle Rednerzungen müßten mir ihre Zauberkünste leihen, nein, pfui mit dem gekünstelten Lobe, sie bedarf dessen nicht, Trödelwaren nur bedürfen eines Ausrufers, sie, weit über alles Lob erhaben, o das Lob sinkt und löscht aus, ehe es sie erreicht. Ein verwelkter Einsiedler, der hundert Winter auf dem Buckel trüge, schüttelt gleich funfzig ab, sobald er ihr in die Augen sieht. Ihre Schönheit überfirnißt das Alter, wiedergebäret es, gibt der Krücke die Munterkeit der Wiege, ist eine Sonne, die die ganze Natur belebt.

König. Beim Himmel! deine Liebste ist schwarz, wie Ebenholz.

Biron. Ist Ebenholz ihr ähnlich? O schönes Wort, so ist denn ein Weib von Ebenholz eine Huri. Wer kann mir einen recht schweren Eid diktieren, wo ist ein Buch, ich will's beschwören, daß der Schönheit selbst Schönheit mangelt, wenn sie nicht aus ihren Augen sieht. Es leben die schwarzen Farben!

König. Was sind das für Paradoxen? Schwarz ist die Farbe der Hölle, der Kerker, der Nacht! welche Farbe kann der

Schönheit anders stehen als die des Tages und des Himmels?

Biron. Verkleidet sich nicht der Satan in einen Engel des Lichts? O das schwarze Haar, das meiner Schönen Stirne ziert, es scheint zu trauren, daß helles Haar so viel blinde Anbeter mit falschem Glanze hintergeht. Ihre Wangen machen alle rotbackigte Mädchen zu Lügnerinnen, dunkel und bleich müssen sie sich heutzutage schminken, wenn sie nach ihr gefallen wollten.

Dümain. So werden die Kaminfeger sehr gesucht werden.

Longaville. Es leben die Kohlenbrenner.

König. Und die Mohren, wie werden sie sich brüsten?

Biron. Eure Göttinnen müssen den Regen scheuen, er spült ihre Schönheit ab.

König. Es wäre gut, wenn deine in Regen käme, denn ich glaube in der Tat, sie würde erträglicher sein, wenn sie sich fleißiger wüsche.

Biron. Ich will euch beweisen, daß sie schön ist, und sollt ich bis an den jüngsten Tag hier schwatzen.

König. Dann würden die Teufel selbst vor ihr erschröcken.

Dümain. Nie hab ich einen Meßkrämer gehört, der Wadman so teuer ausbot.

Longaville. Wenn du deine Liebste sehen willst, sieh ihr Gesicht an und meinen Fuß –

Biron. O und wenn die Gassen mit deinen Augen gepflastert wären, so wär' ihr Fuß noch viel zu niedlich drauf zu treten.

Longaville. Da würd' ich saubere Sachen zu sehen kriegen.

König. Still einmal – wir sind drum einer so gut wie der andere.

Biron. Das heißt, meineidig.

König. So laßt denn die Possen, und sporne deinen Witz, wenn er dich ja sticht, nach einem edlern Ziele. Beweis uns einmal, daß unsere Flammen rechtmäßig, unsere Treue nicht verletzt sei, so sollst du Dank haben.

Dümain. Dem Übel schmeicheln.

Longaville. Ihm eine Gestalt geben.
Dümain. Ein Pflästerchen drauf klecken.
Biron. Still nur! das brauchen wir alles nicht. Es ist deine Schuld, Natur! Bedenkt, ritterlicher Ritter, welchen Unsinn ihr geschworen habt. Fasten, studieren, kein Frauenzimmer sehen! platter Hochverrat wider das königliche Glück der Jugend! Könnt ihr fasten? Sind eure Magen nicht zu feurig, und würd' euch die Enthaltsamkeit nicht alle quinend dahinstrecken? Und worin wolltet ihr denn studieren, ihr Herren, da jeder von euch zu gleicher Zeit sein Buch verschwor? Könnt ihr in eins weg träumen, grübeln, und auf einen Fleck hinstarren? Und wenn ihr's könntet, wer allein kann euch den Vorzug der Wissenschaften schmackhaft machen, ohne die Beihülfe weiblicher Schönheit? Ha! nur die Augen des Frauenzimmers, ewig werd ich dabei bleiben, sind das Buch, die Akademie, der Altar, wo das echte prometheische Feuer aufbewahret wird. Unablässiges Grübeln trocknet auf, und vergiftet die behenden feinsten Lebensgeister unseres Gehirns, wie die zu lang anhaltende Arbeit die nervigte Stärke des Arbeitsmannes erschöpft. Habt ihr den Gebrauch eurer Augen verschworen, daß ihr keinem Frauenzimmer ins Gesicht sehen wollt. Blind werdet ihr werden, stumpf, abgeschmackt, wo ist ein Buch in der Welt, das euch die Schönheit lehren kann, wie das Aug' einer schönen Frau! Gelehrsamkeit ist ein Zusatz zu unserm Selbst, aber die Schönheit ist ein neues Selbst, in dem wir zum zweitenmal anfangen zu leben. Ganz gewiß, ihr habt eure Bücher verschworen, als ihr die Augen des Frauenzimmers verschwurt. Wo sonst wolltet ihr mit euren bleiernen Spekulationen zu den hinreißenden Harmonien auffliegen, die die Region der Schönheit einnehmen. Andere Künste nehmen bloß das Hirn ein und lohnen ihre kalten Schüler für schwerfällige Mühe mit einer Mißwachsernte. Aber Liebe, die zuerst im weiblichen Auge erlernt ward, lebt nicht bloß in unsern Hirnschalen eingemauert, sie bewegt all unsre Elemente, geht so schnell als Gedanken in jede unse-

rer Kräfte über, und gibt jeder eine neue doppelte Kraft, sich über ihre vorige Sphäre zu erheben. Sie gibt dem Auge eine zehnfache Schärfe, eines Liebhabers Aug' könnte einen Adler blind gaffen, eines Liebhabers Ohr könnte den leisesten Odemzug hören, selbst wenn des argwöhnischen Diebes Ohr ihn nicht hörte. Der Liebe Gefühl ist weit zärter und reizbarer als das zarte Fell einer ausgekrochenen Schnecke, der Liebe Zunge beschämt Bacchus im lüsternen Geschmacke, und was die Stärke anbetrifft, ist Liebe nicht ein Herkules, der bis an die Hesperiden vordrang. Verschlagen ist sie wie eine Sphinx, musikalisch wie die Laute Apollo mit seinem Haar besaitet. Und wenn die Liebe spricht, so macht die Stimme aller Götter den Himmel trunken von Harmonien. Nie durfte ein Poet seine Feder eintunken, war seine Dinte nicht mit Liebesseufzern angemacht: o nur alsdann konnten seine Verse Ohren der Wilden hinreißen, und in Tyrannen milde Menschlichkeit verpflanzen. Aus den Augen der Frauenzimmer kommt alles her, sie allein funkeln vom echten prometheischen Feuer, das die ganze Welt beseelt, die sonst in keinem Dinge sich schön und vortrefflich zeigen würde. Ihr wart also nicht klug, diesen Frauenzimmern abzuschwören, und närrisch wäret ihr gewesen, einen solchen Eid zu halten. Also für die Sache der Gelehrsamkeit, ein Wort das alle Männer lieben, oder für die Sache der Liebe, ein Wort das alle Männer glücklich macht, oder für die Sache der Männer aus der die Weiber entstanden, oder für die Sache der Weiber, aus der wir alle unsern Ursprung nehmen, lassen wir unsern Eid fahren, um uns selbst zu erhalten, lieber als daß wir uns selbst fahrenließen, um unsern Eid zu halten. Es ist Religion so meineidig zu sein. Die Liebe erfüllt das Gesetz, und wer kann diese Liebe von der Nächstenliebe absondern?

König. Also, heiliger Cupido, und wir tun den Kreuzzug unter ihm.

Biron. Auf, ihr Herren! zum Angriffe, rückt vor mit euren Standarten.

Longaville. Scherz beiseite, sollen wir uns entschließen, um diese Französinnen anzuwerben?

König. Das dächt' ich, und sie gewinnen dazu. Laßt uns auf eine Lustbarkeit denken, die wir ihnen in ihren Zelten geben.

Biron. Erst führen wir sie aus dem Park nach Hause, jeder seine jede, nachmittag sinnen wir auf einen recht artigen Zeitvertreib, so wie die Kürze der Zeit es uns gestatten will, Schmäuse, Tänze, Maskeraden und Fröhlichkeiten eilen der Liebe vor, ihr den Weg mit Blumen zu bestreuen.

König. Fort also, wir haben keine Zeit zu verlieren.

Biron. Wo ist ein Feld das ohne Aussaat trug?
Und jedem wird mit seinem Maß gemessen,
Meineidigen Chapeaux sind Französinnen gut genug
Für kupfern Geld kupferne Seelenmessen.

FÜNFTER AKT

ERSTE SZENE

Holofernes. Nathanael. Dull.

Holofernes. Satis quod sufficit.

Nathanael. Ich preise den Herrn, Herr! für Eure Gespräche über dem Essen, sie waren scharfsinnig und sentenziös, gefällig ohne Skurrilität, witzig ohne Affektion, kühn ohne Lizenz, gelehrt ohne Vanität, ungewöhnlich ohne Ketzerei. Ich habe dieser Tage quondam mit einem aus des Königs Gefolge gesprochen, der sich betitelte Don Adriana de Armado.

Holofernes. Novi hominem tanquam te. Sein Humor ist hoch auffliegend, seine Reden vermessen, seine Zunge verwegen, sein Auge hoffärtig, sein Gang prinzlich, prinzessenmäßig, und sein ganzes Betragen lächerlich, aufgeblasen und thrasonisch. Er ist so geziert, gespitzt, seltsam und wunderlich, zu seltsam, um seltsam zu sein.

Nathanael. Ein sehr auserlesenes Epitheton, Herr! *(Zieht seine Schreibtafel und schreibt.)*

Holofernes. Er zieht den Faden seines Ausdrucks feiner aus, als die Wolle seiner Gedanken es aushält. Odi et arceo solche fanatische Phantasten, solche Henkersknechte aller guten Orthographie, die zum Exempel allesamt fein aussprechen, da sie doch nach der Etymologie aussprechen sollten, allesamt umarmt, wenn sie sagen sollten, umbarmt, Eure Genaden, verstümmelt er in 'r gnad. Diese abominable, oder ich möchte lieber sagen, abhominable Art zu sprechen, scheint mir eine wahre Felonie me intelligis domine? eine dumme lunatische Mondsucht.

Nathanael. Laus Deo, bene intelligo.

Holofernes. 'r Gnad, 'r Gnad – hören Sie nur, wie klingt das? he he he!

(Armado. Mot. Costard treten auf.)

Nathanael. Videsne quis venit,

Holofernes. Video et gaudeo.

Armado *(winkt ihnen)*. Ts!

Holofernes. Quare ts! warum nicht bißt!

Armado. Willkommen Männer des Friedens.

Holofernes. Salve Mann des Krieges, he he he.

Mot. Sie sind an einem großen Bankett von Sprachen gesessen und haben die übergebliebenen Brocken eingesteckt.

Costard. Nei, sie han aus dem Almosenkorbe der Worte gegessen. Mich wundert, daß dich dein Herr noch nicht in Gedanken für ein Wort aufgegessen hat, denn du bist mit Haut und Haar noch nicht so lang als honorificabilitudinitatibus.

Mot. Still das Glockenspiel geht wieder –

Armado. Habt Ihr studiert?

Mot. Ja freilich, Herr, er lehrt den Buben ABC. Sagt, wie buchstabiert Ihr Asch rückwärts mit einem Kreuze vorne.

Holofernes. Scha, pueritia und ein Kreuz.

Mot. Schaf – Ihr einfältiges Schaf, könnt Ihr Euren Namen nicht aussprechen?

Holofernes. Quis quis? du Konsonante! wer ist ein Schaf?

Mot. Einer von den fünf Vokalen, wenn Ihr sie hersagen wollt.

Holofernes. Ist es a, ist es e, ist es i –

Mot. I, i, ganz recht, da habt Ihr's ja selber gestanden.

Armado. Ein rechtes Mediterraneum von Salz, eine behende Lanzette von Witz, schnipp schnapp, hurtig und behend, er erfreut meine Intelligenz, echter Witz! rarer Witz!

Mot. Seht Ihr, das war Davids Schleuderstein gegen Goliath.

Holofernes *(verwirrt)*. Wie? was war die Allusion, was war die Figur?

Mot. Ein Schaf.

Holofernes. Du disputierst wie ein Bube. Geh peitsch deinen Kreisel.

Mot. Leiht mir Euer Horn dazu, ich will ihn peitschen auf und ab.

Costard. Und hätt' ich doch nur einen Pfennig bei Leib und Seel, du solltest ihn haben, du Klingbeutel von Witz, du Taubenei von Verstand. O daß der Himmel mir nur die Gnade erwiese, und mir nur so ein Hurkind gäbe, wie du bist, nur ein Hurkind, was würdst du mich einen fröhlichen Vater machen. Geh Kröte, du hast's weg ad dunquil, bis auf die Nagelspitze, wie die Gelehrten sagen.

Holofernes. Ich rieche da verfälschtes Latein, dunquil für unguem.

Armado. Ihr seid also ein Studierter, Herr, und erzieht die Jugend dort oben auf dem Gipfel des Gebürges.

Holofernes. Mons vielmehr, es ist ein Hügel.

Armado. Es ist des Königs erhabener Wille die Prinzessin in ihrem Hoflager zu komplimentieren, in den posterioribus dieses Tages, welche der rohe Haufe Nachmittag nennt.

Holofernes. Die posteriora des Tages, ein artiger terminus, auserlesen in der Tat.

Armado. Der König ist ein braver Mann und mein Freund, ich versichere Euch, denn was unter uns schon vorgegangen ist – weg damit! Ich ersuche dich, Armado, rüste deinen Verstand, ich ersuche dich, sagte er, sei so gütig, entlade dich aller andern importunen und importanten Sorgen – aber weg damit! ich will Euch nur erzählen, daß es Sr. Majestät bisweilen gefällt öffentlich sich auf meine arme Schultern zu lehnen und mit seinen königlichen Fingern also an meinen Exkrementen zu spielen *(spielt an seinem Stutzbarte)* aber weg damit, liebes Herz, wenn es seiner Gnad' gefällt.

Holofernes. Genade wollten Sie sagen.

Armado. Dem Don Armado einige Ehrenbezeigungen zu erweisen, einem Manne von Reisen, einem Soldaten – weg damit, meine Absicht war Euch zu sagen – aber, liebes Herz, seid verschwiegen, daß der König mich gebeten hat, die Prinzessin zu regalieren mit irgendeiner angenehmen Ostentation oder Schauspiel, wie es der Pöbel nennt. Da ich nun weiß daß der Pfarrer und Euer wertes Selbst sehr tüchtig für solche Einfälle oder Ausfälle des Witzes sind, so komme ich, Euch um Eure Hülfe anzusprechen.

Holofernes. Herr, Ihr müßt die neun Helden aufführen. Domine Nathanael, was den Zeitvertreib oder das Freudenspiel anbetrifft für die posteriora dieses Tages, das durch unsere Assistenten auf des Königs Befehl gegeben werden soll, auf die Anweisung dieses sehr galanten und berühmten Herrn, so wäre meine unvorgreifliche Meinung, daß dazu nichts geschickter als die Vorstellung von den neun Helden.

Nathanael. Wo wollt Ihr aber Schauspieler genug finden?

Holofernes. Josua Ihr selbst, dieser galante Herr Judas Makkabäus, dieser Narr wegen seiner großen Glieder und Gelenke kann für Pompejus den Großen passieren, und dieser Page Herkules.

Armado. Verzeiht, Herr! Ein Irrtum. Dieses zarte Alter hat nicht Quantität genug für einen Herkules, er ist kaum so groß als das Ende seiner Keule.

Holofernes. Wird man mich ausreden lassen? Er soll

den Herkules in seiner Minderjährigkeit vorstellen, wie er die Schlangen in der Wiege erdrosselt und allenfalls will ich für ihn eine Apologie aufsetzen.

Mot. Ein guter Einfall und wenn einer von den Zuschauern mich auszischt, so ruft nur immer, bravo Herkules! halt dich Herkules! so muß man eine Beleidigung verstecken.

Armado. Und wer macht die übrigen?

Holofernes. Drei spiel ich selber.

Mot. O dreiköpfigter Cerberus!

Dull. Und ich will den Trommelschläger machen, wenn die Helden tanzen wollen.

Holofernes. Kommt immer mit, vielleicht seid Ihr auch noch zu brauchen. Via!

ZWEITE SZENE

Prinzessin. Ladies.

Prinzessin. Wir werden reich, eh' wir von hier reisen. Ich bin mit einer Mauer von Diamanten umgeben, die der König mir geschenkt hat.

Rosaline. Habt Ihr sonst nichts bei erhalten?

Prinzessin. Ei freilich, so viel Liebe in Reimen, als jemals in einem ganzen Rieße Prosa ist ausgekramt worden, auf beiden Seiten beschrieben, Kuvert, Rand, alles, kaum noch Platz übrig für das Siegel des Liebesgottes.

Rosaline. Cupido in Siegelwachs.

Catharine. Wie er leichtfertig aussieht darin!

Rosaline. Ihr seid ihm nicht gut, denn er bracht' Eure Schwester um.

Catharine. Wäre sie leichtsinnig gewesen wie Ihr, sie hätte können Großmutter werden.

Rosaline. Was ist deine finstere Meinung, du Maus!

Catharine. Meine Worte leuchten nicht, aber sie sind auch nicht leicht.

Prinzessin. Spielt Ball ein andermal. Aber was hast du denn, Rosaline! laß sehen.

Rosaline. Wäre mein Gesicht so schön als Eures, so würd' auch mein Präsent so reich sein. Indessen vergleicht er mich hunderttausend berühmten Schönheiten, in Wahrheit er hat mein Konterfei in dem Briefe gemacht.

Prinzessin. Wem gleichst du denn?

Rosaline. Den Buchstaben hier, nicht dem Sinn der Buchstaben.

Prinzessin. Wieviel Selbsterkenntnis! Und du Catharine, was hat Dümain dir geschenkt.

Catharine. Einen Handschuh gnädige Frau.

Prinzessin. Was? nicht einmal ein Paar?

Catharine. Freilich doch, und viel Paar treuverliebte Reime obenein.

Marie. Dies und diese Schnur echter Perlen schenkte mir Longaville, der Brief ist eine halbe Meile lang.

Prinzessin. Du wünschtest die Schnur Perlen lieber so lang und den Brief desto kürzer, nicht? Wir sind doch recht undankbar, Mädchens!

Rosaline. Und sie recht einfältig. Wenn ich nur den Biron recht quälen könnte, eh wir reisen. In einer Woche hätt' ich ihn unter den Füßen.

Prinzessin. Nimm dich nur selber in acht, niemand wird leichter übertölpelt als der Witz, wenn er bis zu einer gewissen Höhe steigt. Da gehn die Grenzen der Narrheit an.

Rosaline. Junges Blut siedet so hoch nicht auf.

Prinzessin. Oh! die Narrheiten des Narren sind bei weitem so gefährlich nicht, als die Narrheiten des Witzes, denn alle Kräfte die er hat bietet er auf, seinen Rasereien das Ansehen der Vernunft zu geben – da kommt Bojet, sehr lustig –

(Bojet.)

Bojet. Ich wäre bald gestorben für Lachen.

Prinzessin. Was bringst du?

Bojet. Rüstet Euch Frauenzimmer! harnischt Euch! die Liebe droht Eurer Ruhe, nähert sich Euch verkleid't, bewaffnet mit Komplimenten, denen nicht zu widerstehen ist. Mustert Euren Witz oder nehmt Euren Kopf in die Hand und flieht.

Prinzessin. Heiliger Dionys und heiliger Cupido steh uns bei. Haben sie sich die Brust mit Seufzern geladen, uns übern Haufen zu schießen? rede Kundschafter.

Bojet. Ich lag unter jenem Maulbeerbaume, als ich mit schon halbgeschlossenen Augen auf einmal dem Schatten gegenüber den König und seine Eidgenossen seltsam gekleid't erblickte. Ich schlich mich ins Gesträuch und horchte alles ab, was sie sich vornahmen Euch zu sagen. Ihr Herold ist ein kleiner neckischer Page, der seine Gesandtschaft nicht gar zu gut auswendig gelernt hat. Sie lehrten ihn Aktion und Akzent und fürchteten, Eure Gegenwart werd' ihn aus der Fassung setzen. Ist sie so häßlich, fragt' er, da fingen sie denn alle drüber an zu lachen, klopften ihn auf die Schulter, machten ihn brüstig mit Lobeserhebungen. Einer rieb sich die Ellenbogen und schwur, er hätte nie einen artigern Einfall gehört, der andre knallte mit den Fingern und schrie via wir wollen gehn, entsteh daraus was es wolle, der dritte drehte sich auf dem Zeh herum und fiel auf den Hintern, die andern alle fielen über ihn her mit einem so eifrigen, anhaltenden, rasenden Gelächter, daß es lächerlich wäre wenn wir ihre Narrheit noch ferner Leidenschaft schölten.

Prinzessin. Aber wie denn? kommen sie zu uns?

Bojet. Ja freilich zu Euch, und sind maskiert als Moskowiter, ihr Vorsatz ist Euch zu intrigieren, mit Euch zu courtesieren, zu tanzen, kurz alle ihre Herzensangelegenheiten auf diese Weise in Richtigkeit zu bringen, ohne daß Ihr wißt, wen Ihr vor Euch habt. Sie werden Euch an ihren Präsenten erkennen.

Prinzessin. Geschwinde wechseln wir um. Du Rosaline nimm das, und du das, sie sollen häßlich ablaufen, jeder soll sein Herz in den Busen der Unrechten ausschütten, und nach der Maskerade, wie wollen wir lachen.

Rosaline. Sollen wir tanzen? so werden sie uns am Tanzen erkennen.

Prinzessin. Keinen Fuß bewegen wir, sobald ihr Herold ausgered't hat, kehren wir ihnen den Rücken.

Bojet. Geschwinde legt die Masken an – ich höre ihre Trompete.

(Sie verschwinden einen Augenblick und erscheinen wieder mit Masken.)

DRITTE SZENE

König. Biron. Longaville. Dümain. Gefolge als Moskowiter. Mot voran mit Musik als Herold.

Mot. Heil Gruppe! dir der allerschönsten Damen.
Die jemals Sterblichen den Rücken zugewandt.

(Die Damen kehren alle den Rücken.)

Biron. Die Augen, Schurke, ihre Augen.

Mot. Die Augen zugewandt.
Voll – – voll – –

Biron. Recht, voll hieß es, nur weiter.

Mot. Voll Huld ihr Himmlischen, seht nicht zurücke.

Biron. Jetzt zurücke, Bestie!

Mot. Mit euren wonnereichen Au – – mit euren wonniglichen.

Biron. Weiter!!

Mot. Sie merken mich nicht einmal, das bringt mich aus dem Konzept.

Rosaline. Was wollen die Leute! Fragt sie Bojet, wenn sie anders unsere Sprache reden.

Bojet. Was wollt Ihr von der Prinzessin?

Biron. Nichts als Friede und gnädiges Gehör.

Rosaline. Sagt ihnen, das haben sie schon, und so können sie ihre Wege gehen.

König. Wir haben manche Meile gemessen, um in Eure schöne Fußtapfen zu treten.

Rosaline. Wieviel Zoll hält eine Meile, wenn Ihr sie gemessen habt?

Biron. Wir haben sie mit beschwerlichen Schritten gemessen.

Rosaline. Wieviel beschwerliche Schritte hält sie denn?

Biron. Wir zählen nichts was wir für Euch aufwenden. Würdigt uns den Sonnenschein Eurer Gesichter sehen zu lassen, damit wir als Wilde ihn anbeten.

Rosaline. Mein Gesicht ist nur ein Mond und hinter Wolken dazu.

König. Gesegnet sei die Wolke die so gewürdiget ward. Scheine herrlicher Mond auf die Tränen unserer Augen.

Rosaline. Wißt Ihr um nichts Bessers zu bitten, als daß der Mond in Pfützen scheinen soll.

König. Wenn ich dreister reden darf, so fleh ich Euch, schöner Mond, um nichts weiter als – nur einmal zu wechseln.

Rosaline. Macht Musik, ich will mit Euch tanzen, aufgespielt – nein, nein, ich tanze nicht. So wechselt der Mond.

König. Wie denn? Ihr wollt nicht mehr tanzen?

Rosaline. Den Mond. –

König. Wollt Ihr immer noch Mond bleiben?

Rosaline. Die Musik geht schon, auf, hurtig, bewegt Euch.

König. Ihr auch.

Rosaline. Nun weil Ihr denn Fremde seid, und so weiten Wegs gekommen, so gebt mir denn Eure Hand – aber ich tanze nicht.

König. Grausame! warum nahmt Ihr denn meine Hand.

Rosaline. So wechselt der Mond – es geschah aus Höflichkeit.

König. Ach noch mehr Höflichkeit ich beschwöre Euch.

Rosaline. Wir können um den Preis nicht mehr geben.

König. So bestimmt uns den Preis selber. Womit können wir Eure Gesellschaft erkaufen?

Rosaline. Mit Eurer Abwesenheit.

König. Das kann nicht sein.

Rosaline. Und so Adieu! Zwei für Euren Herold, eins für Euch.

König. Wenn Ihr nicht tanzen wollt, laßt uns wenigstens plaudern.

Biron. Lady mit der weißen Hand, ein süß Wörtchen mit Euch.

Prinzessin. Honig, Milch, Zucker, da sind drei süße Worte.

Biron. Ich kann Euch noch zwei Dreier werfen Kanariensekt, Mandeln und Makronen, das machen ein halb Dutzend.

Prinzessin. Und siebentens ein süßes Adieu. Ich mag nicht mit Euch spielen, Ihr kneipt die Würfel.

Biron. Nur ein Wort insgeheim.

Prinzessin. Doch kein süßes – verschonet mich.

Biron. Ihr erhitzt mir die Galle.

Prinzessin. Galle, bitter.

Biron. Also ein gut Wort, seht Ihr. *(Reden heimlich.)*

Dümain. Wollt Ihr geruhen ein Wort mit mir zu wechseln?

Marie. Nennt es.

Dümain. Schöne Lady!

Marie. Schöner Lord!

Dümain. Gefällt es Euch heimlich mit mir zu reden? *(Heimlich.)*

Catharine. Wie nun? ist Eure Maske ohne Zunge?

Longaville. Ich weiß die Ursach, warum Ihr fragt.

Catharine. Warum? ich bitte Euch.

Longaville. Ihr habt zwei Zungen unter Eurer, und könntet mich mit einer versorgen.

Catharine. Een Kalf, fragt der Niederländer, heißt das nicht ein Kalb?

Longaville. Ein Kalb, schöne Lady!

Catharine. Ein Lord, wenn Ihr wollt.

Longaville. Laßt uns das Wort teilen.

Catharine. Nehmt's ganz für Euch und zieht es groß, es könnte ein Ochs daraus werden.

Longaville. Hütet Euch, daß Euer scharfer Witz Euch nicht selbst verwunde. Wollt Ihr dem Kalb Hörner geben, keusche Lady! das werdet ihr nimmermehr tun.

Catharine. Brüllt dann leise, sonst hört Euch der Metzger.

Bojet. Die Zunge spottender Mädchen ist schärfer als die unsichtbare Ecke eines Schermessers; sie haut Haare ab die das Auge selbst nicht würde entdeckt haben. Ihre Gedanken sind beflügelter als Pfeile, Wind und alles, was geschwind ist.

Rosaline. Kein Wort weiter, meine Mädchens, brecht ab! sie sind geschlagen.

Biron. Beim Himmel, wir ziehen den kürzern.

König. Lebt wohl, seltsame Schönen! Ihr habt einen langsamen Witz.

Prinzessin. Zwanzig Lebewohl, ihr frostigen Moskowiter! Lohnte das der Mühe, so weit herzukommen, um Euren verrauchten Spiritus hier anzubringen.

Bojet. Blaue Flämmlein, die Euer Odem auslöschte.

Rosaline. O wider ihren Verstand ist nichts einzuwenden, er ist groß, dick und fett. *(Sie gehen ab.)*

Prinzessin. O Armut an Witz! o dürftiges Königreich! Meinet ihr nicht, daß sie sich diese Nacht alle hängen müssen? Oder uns ihre Gesichter nie anders wieder weisen als in Larven? der nasenweise Biron! wie er die Nase hängenließ.

Rosaline. Sie waren alle in erbärmlichen Zustande. Der König hätte bald angefangen zu weinen.

Prinzessin. Biron schwur mir, er wisse mir nichts mehr zu antworten.

Marie. Dümains Schwert war zu meinen Diensten, die Spitze ist abgebrochen, sagt ich, still war er.

Catharine. Longaville sagte, ich täte seinem Herzen wehe. Und ratet, wie er mich nannte?

Prinzessin. Eine Übelkeit.

Rosaline. Gesunderer Witz steckt oft in Narrenkappen. Der König hat sich fast heischer geschworen.

Prinzessin. Und der lustige Biron red'te von nichts als Flammen und Martern.

Catharine. Longaville war für meine Ketten geboren.

Marie. Und Dümain klebt' an mir, wie die Rinde am Baum.

Bojet. Hört mich, Ladies! sie werden unverzüglich wieder in ihrer eigenen Gestalt hier erscheinen.

Prinzessin. Sagten sie das?

Bojet. Bei Gott! sie zischelten sich's in die Ohren und sprangen vor Freude, obschon sie lahm von Euren Streichen sind. Darum so wechselt flugs Eure Präsente wieder.

Rosaline. Und gnädige Frau! zehnmal ärgeres Spiel sollen sie haben, als vorhin unter ihren Masken. Wir wollen ihnen ganz unschuldig alles haarklein erzählen, was uns mit verkleideten Moskowitern hier begegnet wäre.

Prinzessin. Recht so – da kommen sie – *(Sie laufen in die Zelte.)*

(König. Biron. Dümain. Longaville in ihren eignen Kleidern.)

König. Wo ist die Prinzessin?

Bojet. Ich werde Ew. Majestät ihr melden.

Biron. Das ist ein Kerl, der pickt den Witz auf wie Tauben Erbsen, und gibt sie wieder von sich wie das Wetter darnach ist. Er ist des Witzes Trödler, und bringt seine Waren in Bierschenken und Kirchmessen herrlich aus, derweile sie uns, die wir nur en gros verkaufen, im Kasten verderben. Er steckt die Weiber wie Stecknadeln in seinen Ärmel, Großmutter Eva wäre vor ihm nicht sicher gewesen, er kann euch heimlich Briefe auf- und zumachen, eine halbe Stunde seine eigne Hand küssen, indem er die Dame an der Hand hält, wie eine Sonnenblume überall herumlachen, um seine Zähne zu zeigen, die so weiß sind als Walfischrippen, kurz, es ist ein charmanter Mensch, sagen sie alle.

Longaville. Die Briefe auf- und zumachen, das ist gar nicht zu verzeihen.

(Prinzessin. Rosaline. Marie. Catharine. Bojet. Gefolge.)

König. Wir kommen, Euch aufzuwarten, Durchlauchte Prinzessin, und bieten Euch nun unsern Hof zur Wohnung an, wir haben Dispensation erhalten.

Prinzessin. Dieses Feld soll mich behalten, und Ihr behaltet Euren Eid unverletzt, weder Gott noch wir haben Gefallen an Meineid.

König. Die Tugend Eures Auges brach meinen Schwur.

Prinzessin. Beschimpft die Tugend nicht so, sie wird nie einen Mann bewegen auch nur sein Wort zu brechen, geschweig einen Eid. Bei meiner jungfräulichen Ehre, die noch so lauter ist als die unbefleckte Lilie, für eine Welt von Martern würd' ich mich nicht bewegen lassen, in Euren Hof einzukehren, so sehr verabscheue ich, Ursache eines Eidbruchs zu werden.

König. Ihr lebet hier zu sehr in Dunkelheit, ungesehn, unbesucht, ungefeiert, es ist meine Schande.

Prinzessin. O nein, mein Herr! ich versichere Euch, wir haben hier mancherlei Zeitkürzungen. Eben hat uns ein ganzer Zug Russen verlassen.

König. Russen?

Prinzessin. In der Tat, russische Stutzer! sehr prächtig gekleidet.

Rosaline. Meine Fürstin treibt die Höflichkeit zu weit, es waren die plumpsten Geschöpfe, die ich auf dem Erdboden gesehen habe. Hier haben sie eine ganze Stunde gestanden, und kein einzig gescheites Wort hervorbringen können. Narren möchte ich sie nicht nennen, denn ich habe unter der Kappe oft bessere Köpfe gefunden.

Biron. Schönes, angenehmes Fräulein, Euer Witz könnte Weisheit selber zur Narrheit machen. Das hellste Auge, wenn es das feurige Auge des Himmels grüßet, verliert sein Licht, bei Eurem Reichtum scheint die Weisheit selber Torheit, und der Reichtum Armut.

Rosaline. Warum nehmt Ihr Euch der Leute an? wollt Ihr mir etwa beweisen, daß Ihr weise und reich seid?

Biron. Ich bin ein Narr, und arm an Fähigkeit.

Rosaline. Ihr nehmt zu schnell was Euch gehört.

Biron. Ich bin Euer mit allem was ich besitze.

Rosaline. Also mein Narr.

Biron. Ich darf Euch sonst nichts schenken.

Rosaline. Wie sah die Maske aus, die Ihr trugt?

Biron. Was? wo? welche Maske?

Rosaline. Hier denn – die das häßliche Gesicht verbarg.

König. Wir sind verraten, sie machen uns zuschanden.

Dümain. Ich denke, wir gestehen lieber alles.

Prinzessin. Warum so erschrocken, mein Prinz? warum so still?

Rosaline. Zu Hülfe! haltet ihm den Kopf, er wird ohnmächtig, warum werdet Ihr so bleich? Seekrank vermutlich, es kann nicht anders sein, da Ihr von Moskau kommt.

Biron. So schütten die Sterne Plagen herab für unsern Meineid. O könnte ein Gesicht von Erz dagegen aushalten? Hier steh ich, Lady! schleudre Verachtung auf mich herab! zermalme mich mit deinem Spott! durchbohre mit deinem scharfen, allzu scharfen Witz meine Unwissenheit, hau mich in Stücken mit deinen Einfällen, verwünschen will ich's mit dir zu tanzen, verwünschen meinen russischen Bart, nie will ich mehr auf zugespitzte Worte mich verlassen, noch auf die Zunge eines Schulknaben, nie in Larven zu meinen Feinden gehen, noch in Reimen freien wie ein blinder Harfenist. Taffetne Redensarten, seidne Worte, ich verschwöre euch itzt, bei diesem weißen Handschuh, (wie weis die Hand ist, das weiß Gott), von nun an will ich meine Sehnsucht nicht anders ausdrucken, als durch ein rauhes Ja, durch ein ehrlich wollichtes Nein, und um den Anfang zu machen: Gott helf Euch, Frauenzimmer! ich hab Euch lieb. Aber antwortet mir nicht, ich kann Euch nicht wieder antworten, mein Witz ist zum Ende.

König. Lehrt uns, teureste Prinzessin! irgendeine Entschuldigung für unser grobes Vergehen.

Prinzessin. Die schönste ist Geständnis. Wart Ihr nicht eben hier und verkleid't?

König. Ja Madam, ich war –

Prinzessin. Und kanntet uns vollkommen wohl?

König. Vollkommen wohl.

Prinzessin. Was habt Ihr Eurer Dame zugeflüstert?

König. Daß ich sie mehr verehrte als die ganze Welt.

Prinzessin. Wenn sie Euch bei Eurem Wort fassen wollte, würdet Ihr nicht zurückziehen?

König. Bei allem, was heilig ist, nein.

Prinzessin. Ich bitt Euch, hört auf, ich möcht Euch nicht zum zweitenmal meineidig machen.

König. Verachtet mich auf ewig –

Prinzessin. Stille doch – Rosaline, was flüsterte der Prinz dir ins Ohr?

Rosaline. Daß er mich höher schätzte als die ganze Welt, und daß er mich heiraten wollte, und wenn eine Welt zwischen uns läge.

Prinzessin. Gott geb' Euch Glück mit ihr.

König. Ich dieser Lady das geschworen?

Rosaline. Beim Himmel! Ihr tatet's, und zum Unterpfand gabt Ihr mir dies, wenn Ihr's wiederhaben wollt.

König. Dies, und meinen Eid gab ich der Prinzessin, ich kannte sie an dieser juwelenen Brustschleife.

Prinzessin. Eben diese Brustschleife trug sie damals, und Lord Biron, dem ich sehr verbunden dafür bin, ist mein Liebhaber.

Biron. O gnädigste Prinzessin – ich merke alles, Lord Bojet hat uns unsern Spaß voraufgekauft, um ein Fastnachtspiel aus unserer Maskerade zu machen. Gesteht es nur, habt Ihr nicht eben itzt Rosalinen auf den Fuß getreten, und in ihren Augapfel hineingelacht, daß sie Euch nicht verraten sollte. Darauf haben sie die Präsente verwechselt – geht Ihr habt unsern Pagen ausgestochen, sterbt wenn es Euch beliebt, und eine Dame sei Euer Grab.

Bojet. Euer Witz nimmt wieder den Kurier.

Biron. Aber stolpert – *(Costard kommt.)* Willkommen Landwitz, du kommst mit mir wettzurennen.

Costard. O Lord, Herr! sie wollen nur wissen, ob die drei Helden hereinkommen dürfen.

Biron. Was, sind nur drei da?

Costard. Nein Herr, es sind eben fünfe, denn jedweder von ihnen stellt drei vor.

Biron. Nu, und dreimal drei ist ja neun.

Costard. Nicht so, Herr, mit Eurer Erlaubnis, unsereiner weiß auch was er weiß, ich hoff dreimal drei, Herr! –

Biron. Ist nicht neune?

Costard. Mit Eurer Erlaubnis, Herr! wir wissen wie weit das trägt, Ihr werd't uns das nicht weismachen.

Biron. Beim Jupiter, ich meinte dreimal drei wäre neune.

Costard. O Lord Herr, es wär ein Elend wenn Ihr Euer Brot mit Rechnen verdienen müßtet.

Biron. Wieviel macht es denn?

Costard. Die Parten selbst, Herr! werden Euch zeigen wie weit das trägt, für meinen Part ich bin, wie sie sagen, nur da vor einen Mann, einen einzigen armen Teufel, Pompius den Großen, Herr!

Biron. Du auch einer von den Helden?

Costard. Sie sagen, daß ich Pompius der Große bin.

Biron. Geh, laß sie hereinkommen.

Costard. Wir wollen's sauber genug machen, Herr! *(Ab.)*

König. Sie werden uns nur beschämen, Biron! weis sie ab.

Biron. Wir sind schamfrei, Ew. Majestät, es ist Politik wenn wir einem Spektakel Platz machen, das ein wenig lächerlicher ist als unsers.

Prinzessin. Laßt sie kommen, mein Prinz! der Scherz gefällt am sichersten, der nicht weiß, wie er dazu kommt. Wo der Witz kreiset, und doch unvermögend, jemals zu befriedigen, mitten in den Geburtsschmerzen stirbt, da macht die Beschämung ihres Selbstvertrauens eine unnachahmlich drollichte Figur.

(Armado kommt.)

Armado. Gesalbtes Haupt, ich bitte um eine kurze Pause deines königlichen Odems, für ein paar Worte die ich anzubringen habe. Es geht alles gut, mein honigsüßer Monarch – *(Red't heimlich mit ihm.)*

Prinzessin. Dient der Mann Gott?

Biron. Warum fragt Ihr?

Prinzessin. Er sieht nicht aus wie einer den Gott erschaffen hat. *(Armado geht.)*

König. Das wird eine saubere Gruppe Helden geben, er macht Hektorn, der Bauer Pompejus den Großen, der Pfarr Alexandern, Armados Page Herkules, und der Pedant Judas Makkabäus. Gelingen ihnen die vier, so ziehen sie andere Kleider an, und machen die übrigen fünfe.

Biron. Wir wollen suchen sie irre zu machen.

(Costard tritt auf als Pompejus).

Costard. Ich bin Pompius.

Bojet. Ihr lügt, das seid Ihr nicht.

Costard. Ich, Pompius.

Biron. Lieber ein Leopard.

Costard. Ich Pompius, der Dicke sonst gesagt.

Dümain. Der Große.

Costard. Recht, es war groß, Herr! Der Große sonst gesagt.

Der oft im Feld
Mit Schwert und Schild
Den Feind zu schwitz'n g'macht:
Und reisend ist
Auf dieser Küst
Komm hier von ungefähr,
Und leg mein'n Schild
Zum Füßen mild,
Der schönen Jungfer 's Welschland daher.

Wenn Ihr Gnaden Mamsell, mir itzt sagen will: großen Dank, Pompius! so wär' itzt wohl mein Sach' getan.

Prinzessin. Großen Dank, großer Pompejus.

Costard *(bückt sich lächelnd).* Ich weiß nicht, ob mein Part so recht war, aber ich hoff doch ich macht' es perfekt. Einen kleinen Anstoß hab ich im Großen gemacht, aber ich hoff es hat nichts zu sagen.

(Nathanael kommt als Alexander.)

Nathanael.

Als ich lebt' in der Welt, beherrschte miteinander
Nord, Ost, West, Süd, und hab verbreitet mein Gewalt.
Mein Schildlein zeiget aus, daß ich bin Alexander.

Bojet. Eure Nase sagt nein dazu.

Biron. Eure Nase roch diesen scharfen Ritter nicht.

Prinzessin. Der Held ist erschrocken. Fahrt fort, guter Alexander.

Nathanael. Als ich lebt' in der Welt, beherrschte miteinander –

Bojet. Ihr Alexander?

Biron. Pompejus der Große!

Costard. Euer Knecht und Costard, zu Euren Dienst.

Biron. Husch ihn weg, den Alexander, schlepp ihn fort, den Eroberer.

Costard. Es ist ja aber unser Herr Pfarr.

Biron. Du hörst, er sagt, er sei Alexander.

Costard. So sollt Ihr aus Euren gemalten Kleidern ausgekratzt werden. Ein Held und verschrocken zu sprechen? Pfui schämt Euch. Er ist ein gut ehrlicher Gevattersmann, mein Treu, ein recht braver Kegelschieber, aber zum Alisander da schickt er sich wie Pauken zum Eseltreiben. Seht, da kommen die andern Parten, macht Euch nur an die Seit, Herr Pfarr, ich versichere Euch.

(Holofernes als Judas, Mot als Herkules.)

Holofernes.

Dies zarte Reis den Herkles stellet dar
Der mit der Keul erschlug den dreigeköpften Canus,
Und als er noch ein kleines Würmlein war
Erdrosselte die Schlang in seiner kleinen manus.
Quoniam er zeiget sich noch minorenn allhie,
Ergo so tret ich auf mit der Apologie.

Nun geh hübsch gerad ab, hübsch gerad. *(Mot ab.)*

Holofernes.

Ich Judas –

Dümain. Wie Judas –

Holofernes. Nicht Ischariot, Herr –

Ich Judas, hochberühmter Makkabäer.

Dümain. Ich weiß von keinem andern Judas als –

Biron. Ein küssender Verräter.

Holofernes.

Ich Judas, hochberühmter –

Dümain. Desto schlimmer, daß du dafür bekannt bist.

Holofernes. Was meinet Ihr, Herr?

Bojet. Ich meine, Judas müßte sich aufhängen.

Holofernes. I prae sequar, mein Herr.

Biron. An was für einen Baum werdet Ihr Euch hängen?

Holofernes. Ihr werd't mich nicht aus meiner Fassung bringen.

Biron. Weil Ihr keine habt.

Holofernes. Was ist denn dies? *(Auf seinen Kopf zeigend.)*

Bojet. Der Kopf einer Zitter.

Dümain. Ein Stecknadelkopf.

Biron. Ein Totenkopf.

Longaville. Ein Kopf auf einer alten Münze, die nicht mehr zu erkennen ist.

Dümain. Der Stöpsel eines Riechfläschgens.

Biron. Sankt Georgens halbes Gesicht, auf einem Bratspieß.

Dümain. Auf einem Bund Ruten.

Biron. Der Deckel einer Zahnstocherdose – nun geh, wir haben dir die Fassung gegeben.

Holofernes. Ihr habt mich aus meiner Fassung gebracht.

Biron. Wärst du ein Löwe gewesen, du hättest mir heraus sollen.

Dümain. Da es aber ein Esel ist, so laßt ihn gehn. Adieu Judas, wornach stehst du?

Bojet. Nach der andern Hälfte seines Namens.

Biron. Gebt sie ihm immer! fort Ischariot.

Holofernes. Das ist nicht adelich, nicht großmütig.

Bojet. Ein Licht dem Herrn Judas, die Treppe ist dunkel, er möchte den Hals brechen.

König. Es scheint, Biron tut sich heute was an Rache zugut.

(Armado kommt als Hektor.)

Biron. Verhülle dich, Achill, hier kommt Hektor in Waffen.

Dümain. Hektor war nur ein gemeiner Trojaner gegen ihn.

Bojet. Das Hektor.

Longaville. Ich denke, Hektor war so spüddig nicht.
Biron. Sein Schenkel ist zu dick fürn Hektor.
Dümain. Er hat gar zu starke Waden.
Bojet. Das kann unmöglich Hektor sein.
Armado. Wenn wird's ein Ende haben?

Der waffenstarke Mars, in Lanzen der Allmächt'ge
Gab Hektorn ein Geschenk,

Dümain. Eine Haselnuß.
Biron. Eine Tabatiere.
Bojet. Eine Melone.
Armado.

Der waffenstarke Mars, in Lanzen der Allmächt'ge
Gab Hektorn ein Geschenk, dem Kronprinz Ilions.
Ein Mann so stark an Brust, daß er in dem Gefechte
Oft Tag und Nacht befand sans recreations
Ich bin die edle Blum'.

Dümain. Die Krausemünze.
Longaville. Der Gänserich.
Armado. Werter Lord Longaville, haltet Eure Zunge im Zaum.
Longaville. Hektor stolpert.
Dümain. Hektor ist ein Windspiel.
Armado. Der angenehme Kriegsheld ist lang tot und verwest, o ihr meine werten Gewürme, beißt seine Gebeine nicht. Doch ich will zur Sache, zu meiner Devise, Eure königlichen Gnaden, gönnt mir Euren Sinn des Gehörs.
Prinzessin. Sprecht, guter Hektor, es macht uns viel Vergnügen.
Armado. Ich bete Euer Gnaden Pantoffel an.

Der Hektor schön bracht auch den Hannibal
Bracht ihn, bracht – bracht ihn zu Fall.

Costard. Ja es ist wahr, Gevatter! Ihr habt sie zu Fall gebracht, das Kind ist schon zwei Monat unterwegens.
Armado. Was meinst du?
Costard. Ich meine, wenn Ihr kein honetter Hektor seid, so soll das Wetter nein schlagen. Es ist schon zwei

Monat daß sie bekennt.

Armado. Willst du mich hier mitten unter den Potentaten zuschanden machen? du sollst sterben.

Costard. Dann sollt Ihr mein Seel den Staupbesen kriegen.

Dümain. Vortrefflicher Pompejus.

Bojet. Ehrenvoller Pompejus.

Biron. Größer als groß, großer, großer, großer Pompejus, Pompejus der Ungeheure.

Dümain. Hektor zittert.

Biron. Pompejus glüht! mehr Feuer, mehr Feuer.

Dümain. Hektor wird ihn herausfordern.

Biron. Freilich sollt' er's und wenn er nicht mehr Mannsblut in seinem ganzem Leibe hätte, als eine Fliege satt damit zu machen.

Armado. Beim Nordpol ich fordere dich heraus.

Costard. Ich bitt Euch, laßt mich meine Rüstung wieder antun.

Dümain. Platz für die entzündeten Helden.

Costard. Ich will in Hemde fechten.

Dümain. Sehr herzhafter Pompejus.

Mot. Herr ich bitt Euch, laßt mich Euch aufknöpfen, seht Ihr nicht, Pompejus steht ohne Futteral da, Ihr werdet Eure Reputation verlieren.

Armado. Edle und Helden, verzeiht mir, ich werde nicht im Hemd streiten.

Dümain. Ihr könnt's nicht abschlagen, Pompejus hat die Ausfoderung gemacht.

Armado. Angenehme Freunde! ich kann, will und werde.

Biron. Was habt Ihr für Ursachen?

Armado. Die nackte Wahrheit ist, daß ich kein Hemd habe. Ich geh in Wolle zur Pönitenz.

LETZTE SZENE

Makard tritt herein, einer aus der Prinzessin Gefolge.

Prinzessin. Willkommen Makard, schade daß du unser Vergnügen so unterbrichst.

Makard. Und die Zunge schwer von Neuigkeiten, gnädige Frau. – Der König Euer Vater –

Prinzessin *(springt auf)*. Tot, so wahr ich lebe –

Makard. Mein Auftrag ist verrichtet.

Biron. Weg Helden! die Szene beginnt zu bewölken.

Armado. Was mich betrifft, so hab ich das Licht der Ungerechtigkeit durch die Ritze der Klugheit wahrgenommen, und so will ich auf der verderbten Welt den Hektor nicht mehr prostituieren. *(Die Helden ab).*

König. Wie befindet sich Eure Hoheit.

Prinzessin. Bojet, mach Anstalten! noch diese Nacht.

König. Nicht so, teureste Prinzessin, wenn mein Bitten was vermag.

Prinzessin. Mach Anstalt! Ich dank Euch edelmütige Herren, mit einem veränderten betrübten Herzen zwar, Euer geschmeidiger Witz wolle unsern zu dreisten Widerstand entschuldigen. Haben wir uns zu kühn gegen Euch bezeigt, so war Eure zu weitgetriebene Nachsicht schuld daran. Und so lebt wohl, teurester Prinz, ein betrübtes Herz verstattet keine weitläuftige Sprache, verzeiht mir also wenn ich an Dank zu kurz komme, da ich die Ursache dazu so reichlich erhalten.

König. Der äußerste Saum der Zeit lenkt oft alle Ursachen in der Geschwindigkeit zu einem Endzweck zusammen und oft entscheidet sie mitten in ihrem schnellsten Fluge Sachen, welchen eine lange Bemühung keinen Ausschlag geben konnte. Und obschon die traurende Stirn einer zärtlichen Waise der Liebe ihre Schmeicheleien untersagt: so wag ich es dennoch Euch zu flehen, da einmal unter uns der heilige Handel der Liebe auf dem Tapet war, laßt die Wolken der Traurigkeit unser beiderseitiges Ziel nicht ganz aus Eurem Gesicht entziehen. Es ist doch kein solcher Gewinn verlorne Freunde zu beweinen, als sich mit neu erworbenen zu erfreuen.

Prinzessin. Ich versteh Euch nicht. Ihr macht mir meinen Schmerz nur empfindlicher.

Biron. Plane Worte durchdringen das Ohr des Schmerzens am behendesten. Hört mich an, schöne Prinzessin! Wir haben mit unserm Eide gespielt, Ladies, Eure Schönheit hat uns verunstaltet, allen unsern Vorsätzen und Entschließungen eine andere Gestalt gegeben. Eure himmlischen Augen allein sind an unserer Verwandlung Ursach', unsere Verirrungen sind die Eurigen, wenn Ihr nicht mit uns helft sie zu einem guten Zweck zu leiten. Wir waren untreu gegen uns selbst, als wir meineidig wurden, um auf ewig denen treu zu bleiben, die beides aus uns gemacht, Euch schöne Ladies. Und eben nur dadurch reinigt diese Falschheit, die sonst Sünde wäre, sich selbst und wird zur Gnade.

Prinzessin. Ich gesteh's wir haben Eure Briefe, Eure Geschenke voll Liebe empfangen, aber in unserm Mädchenkriegsrat alles dies für Galanterie, für Bombast und Unterfutter der Zeit und der Umstände erklärt.

Dümain. Unsere Briefe gnädige Frau, zeigten etwas mehr als Scherz.

Longaville. So auch unsere Blicke.

Rosaline. Wir haben sie so nicht verstanden.

König. O jetzt in der letzten Gunst der Zeit erklärt Euch.

Prinzessin. Eine viel zu kurze Zeit, mein Prinz! einen Handel auf die Ewigkeit zu schließen. Ew. Herrlichkeit ist meineidig worden, wenn Ihr aus Liebe zu mir (da ich doch noch zweifle ob Ihr das Wort kennt) was unternehmen wollt, so sei es dies. Keinen neuen Eid, behüte der Himmel, aber reiset ungesäumt in eine abgesonderte von allen Weltzerstreuungen nackte Einsiedelei, dort bleibt bis die zwölf himmlischen Zeichen ihren Umlauf vollendet haben. Wenn dies strenge geeinsamte Leben auch das Anerbieten das Ihr mir jetzt in der Hitze Eures Bluts getan habt nicht leid macht, wenn Frost und Hunger, hartes Bett und dünne Kleider die buntfärbige Blüte Eurer Liebe nicht abstreifen, wenn sie diese Probe aushält und noch immer Liebe bleibt, dann nach Verlauf dieses Jahres komm – und, bei dieser jungfräulichen Hand, die ich jetzt in die deinige schlage – dann will ich die Deinige sein. Bis dahin soll mein wehmütiges Selbst in ein Trauerhaus verschlossen, die Tränen des Wehklagens auf das Andenken meines geliebten Vaters herabregnen. Schlägst du mir aber diese Forderung ab, so reiß deine Hand los aus meiner und laß unsre Herzen sich fremde werden.

König. Wenn ich dies und noch mehr als dies abzuschlagen fähig wäre, so sollte die schnelle Hand des Todes lieber gleich meine Augen zudrücken. Geh also nur fort von uns, Teure – mein Herz bleibt in deiner Brust.

Biron. Und was für mich, meine Liebe, was für mich?

Rosaline. Auch Ihr müßt durchs Fegfeuer, Eure Sünden sind wie üppig Unkraut Betrug und Meineid sind Euch zu Kopf gewachsen, daher, wollt Ihr mich verdienen, so müßt Ihr zwölf Monat im Hospital zubringen.

Dümain. Und was für mich?

Catharine. Einen Bart, eine Frau und gute Gesundheit.

Dümain. O erlaubet mir meine Danksagung. –

Catharine. Nicht so, mein Herr! zwölf Monat und einen Tag sollt Ihr Euch den Bart wachsen lassen. Kommt alsdenn mit dem König, so will ich sehen was ich für Euch tun kann.

Longaville. Und was sagt Maria?

Maria. Zwölf Monat Trauer.

Longaville. Ach, aber die Zeit ist so lang.

Maria. Desto besser schickt sich's für Euch, langer Herr.

Biron. Worüber denkt meine Lady? Seht mich an, guckt hinein zum Fenster meines Herzens, mit welcher Bereitwilligkeit es Eure Erklärung erwartet.

Rosaline. Mein Lord Biron! ich habe viel von Euch gehört eh ich Euch sah, Euer Ruf gab Euch für einen Mann voll sinnreicher Einfälle und verwundender Stichelreden, die Ihr auf alles ohne Unterschied abschösset was innerhalb den Grenzen Eurer Fähigkeit läge. Diesen Wermut aus Eurem sonst fruchtbaren Hirn auszurotten, und zugleich um mich zu gewinnen, wenn Euch das letzte angelegen sein kann, sollt Ihr zwölf Monate Tag für Tag die sprachlosen Kranken des Hospitals besuchen, da die ganze Energie Eures Witzes aufbieten, diese trostlosen Elende lächeln zu machen.

Biron. Fröhliches Gelächter in der Gurgel des Todes intonieren? Es ist unmöglich, Lady! Scherz kann keine agonisierende Seele bewegen.

Rosaline. Desto besser, so ist dies das sicherste Mittel einen stechenden nesselartigen Geist zu ersticken, der von der zu leichtsinnigen Gunst erzogen ward, womit seichte Zuhörer Eure Schwänke aufgenommen. Das Glück eines Scherzes liegt in dem Ohr das ihn hört, nicht in der Zunge so ihn ausspricht. Also wenn kranke Ohren betäubt, von dem kläglichen Schall ihrer eigenen Seufzer und ihres Geächzes Euch willig anhören, so fahrt fort darin, und ich will Euch mitsamt Eurem Fehler heiraten, aber ist das nicht so fort mit dem Geist, und ich werde vergnügt sein, Euch einen Pfund leichter an Witz zu bekommen aber mit einem bessern Herzen.

Biron. Zwölf Monat? sei es! was tut man nicht, so viel zu gewinnen, ich will zwölf Monat im Hospital scherzen.

Prinzessin. Und so mein Prinz! nehm ich meinen Abschied.

König. Nein Madame! wir werden Euch begleiten.

Biron. Unsere Freude endigt wenigstens nicht wie eine Komödie, Hans heiratet nicht Greten – so ähnlich auch alles sonst einer Komödie sah.

König. Es fehlen nur noch zwölf Monat und ein Tag dran, so wird's eine.

Biron. Das ist zu lang für ein Schauspiel.

Über die Veränderung des Theaters im Shakespear

Man hält sich an so verschiedenen Orten und auf so verschiedene Art über die Freiheiten auf, die sich dieser große, und ich sage es nicht aus Mode-Enthusiasmus, sondern mit der kältesten Überzeugung, größeste aller neuern dramatischen Dichter in Ansehung der Einheiten der Zeit und des Orts genommen. Man vergißt, daß er mit nichten der einzige gewesen, der es getan; daß schon die Alten, und wohl niemand mehr als Aristophanes, denen es doch wegen des Chors weit schwerer ward,* die Szene verändert, daß unter den Neuern, selbst unter den Franzosen, Voltaire und andere, sich bei den trefflichsten Stellen ihrer Dramen dazu gezwungen gesehen. Man vergißt, daß auch Shakespear die Veränderung der Szene immer nur als Ausnahme von der Regel angebracht, immer nur *höheren* Vorteilen aufgeopfert, und je größer die dadurch erhaltenen Vorteile waren, desto mehr Freiheit in dem Stück dem Dichter zu gestatten, man in dem Augenblicke der Begeisterung gar kein Bedenken trug. Das entschuldigt aber gar nicht junge Dichter, die aus bloßem Kützel einem großen Mann in seinen Sonderbarkeiten nachzuahmen, ohne sich mit seinen Bewegungsgründen rechtfertigen zu können, ad libitum von einem Ort zum andern herumschweifen, und uns glauben machen wollen, Shakespears Schönheiten bestünden bloß in seiner Unregelmäßigkeit.

Wie gesagt – und zum letztenmal sei es gesagt, über eine Materie, über die ich mich mit niemandem in Zank einlassen will: – Das *Interesse* ist der große Hauptzweck des Dichters,

* Das Chor bei den Alten konnte nicht abgeschafft werden, es schmeichelte zu sehr der Eigenliebe eines republikanischen Volks, sich bei allen großen oder merkwürdigen Handlungen als Teilnehmer, oft als Richter zu sehen. Zugleich war es ein trefflicher politischer Kunstgriff der Dichter, die Eindrücke, die ihr Stück auf das Volk machen sollte, vorher zu bestimmen, und die Menge, die doch immer geführt sein will, und muß, durch das Beispiel ihrer Zeitverwandten zum Interesse zu nötigen.

dem alle übrigen untergeordnet sein müssen – fodert dieses – fodert die Ausmalung gewisser Charaktere, ohne welche das Interesse nicht erhalten werden kann, unausbleiblich und unumgänglich Veränderung der Zeit und des Orts, so kann und muß ihm Zeit und Ort aufgeopfert werden, und niemand, als ein kalter Zuschauer, der bloß um der Dekoration willen kommt, kann und wird darüber murren. Fodert dieses es aber nicht, welcher echte Dichter wird seinen Schauspielern und Zuschauern mit Veränderung der Szenen beschwerlich fallen, da die Einheit der Szene ihm so offenbare Vorteile zur Täuschung an die Hand bietet. Der große Wert einer dramatischen Ausarbeitung besteht also immer in Erregung des Interesse, Ausmalung großer und wahrer Charaktere und Leidenschaften, und Anlegung solcher Situationen, die bei aller *ihrer Neuheit* nie unwahrscheinlich noch gezwungen ausfallen. Ein solches Theatergemälde kann und muß sich, wie jedes Meisterstück eines Genies, sei es in welcher Kunst es wolle, über alle Ungerechtigkeiten der Zeit hinaus erhalten, behauche es mit Neid oder Meistersucht, so oft und viel es beliebig, wer da wolle.

Dieses Räsonnement mit einer Urkunde zu bewähren, so ist im Hamlet die Verweisung des jungen Melancholikers aus Dänemark nach Engelland notwendig, um seinen Charakter und die in demselben liegende Haupthandlung des Stücks durch alle Zwischenfälle durchzuführen, und in ihr volles Licht zu setzen. Ein Pinselstrich wie der, da er in Engelland neugeworbenen Truppen begegnet, die für eine Hand voll Erde ihr Leben in die Schanze schlagen, und an ihrem Beispiel sogleich Gelegenheit nimmt, seine Saumseligkeit, für einen ermordeten Vater sein Leben dran zu setzen, zu verdammen, hält uns für die Aufopferung einiger hundert Meilen in unsrer Ideenfolge vollkommen schadlos. Wer aber in dieser Aufopferung, ohne eine Ursache dazu zu haben, eine Schönheit suchen, das heißt, den Leser mit *allem kalten Blut das man ihm gelassen*, zum Glauben an seinen Szenenwechsel zwingen wollte, würde ebenso töricht handeln, als der Verkäufer eines schlechten versauerten Landweins, der seinen

Kunden, beim ersten Glase, das er an die Lippen setzte, überreden wollte, zu schwören, die Stube drehe sich mit ihm.

Anhang

Ich kann nicht umhin, hier das Resultat einiger meiner Empfindungen bei der Vorstellung des tugendhaften Verbrechers* niederzuschreiben, da es zur nähern Bestimmung des Satzes, inwieweit die Wandelbarkeit des Theaters der Täuschung vorteilhaft oder nachteilig sein könne, nicht wenig beitragen kann. Ganz überzeugt von dem Vorzug derjenigen Stücke, in welchen die Einheit des Orts beibehalten worden, wenn sie sonst an Güte den unregelmäßigen gleichkämen, ging ich hin, ich muß aber gestehen, daß ich mit ungemein veränderter Überzeugung zurückgekommen bin. Es hat weder am Schauspieler noch am Dichter gelegen, denn ich abstrahierte von beiden. Das unaussprechlich Interessierende dieser Geschichte, die gut und meisterhaft angelegten Situationen von Anfang, die Ahndung der Cidelise bei ihrer vorhabenden zweiten Verheuratung »es ist als ob mir jemand zuflüsterte: er ist hier, er ist nicht weit von dir« die unvermutete und doch höchst wahrscheinlich gemachte Erscheinung des Galeerensklaven, alles das überfüllte mein Herz mit der angenehmen Wollust der Schmerzen, wie sie Ossian nennt, die sich in Tränen Luft machen mußte. Aber, meine Herren, als ich weiter fortfuhr zuzusehen, ich kann mir's nicht leugnen, da war's, als ob mir jemand zuflüsterte: du bist ein Kind, daß du über solche Ungereimtheiten weinen kannst! Es hinderte nichts, daß ich mir unaufhörlich in die Seele zurückrief: Die Geschichte ist wahr – sie war mir nicht wahrscheinlich, und wie groß war mein Erstaunen – soll ich sagen meine Schadenfreude, als ich dies demütigende Bekenntnis von dem Dichter selbst hörte, der es im letzten Akt Olbanen in den Mund legt: Cette scène est trop vraie pour être vraisemblable.[1] Wie denn, wenn das nicht Armut der Kunst ist, m. H.

* Ein französisches Drama.

1. Diese Szene ist zu wahr, um wahrscheinlich zu sein.

was soll es denn sein? Eine Geschichte, die in der Erzählung einen Bösewicht gläubig machen würde, in der Vorstellung unwahrscheinlich machen, soll ich's sagen? im letzten Akt kindisch behandeln. Aus allen diesen interessanten Personen Marionettenspieler machen? Wer kann es aushalten, bei Szenen, die *durchaus aneinander hängen sollen und müssen*, die Liebhaberin, bloß weil es der Dichter so haben will, in dem nämlichen Augenblick, als er an seinem unsichtbaren Draht den Vater herbeizieht, ihrem Liebhaber das Geständnis, das er niemanden getan, ablocken zu sehen, zu sehn wie der alte Mann mit langsamen Schritten herbeirückt, um aus seinem Munde das Wort pour mon père aufzuhaschen, und drauf mit einem bewundernswürdigen le voici zuschnappen zu können. Wo kommt der Vater her? ich sehe ihn, aber ich begreife ihn nicht, sowenig als das ganze Stück. Seine recits *höre ich kaum*, und was ich davon auffange, kommt mir vor, wie die contes de ma mère oie, die, wenn die starrestumpfe Bewundrung vorhergegangen ist, mich mit Ammengeschwätzigkeit überreden wollen, alles das sei *natürlich* zugegangen. Ich sehe, daß ich so sagen mag, lauter Folgen ohne Ursachen, Konklusionen ohne Prämissen, die kaum die Einbildungskraft eines Kindes *glauben*, geschweige die eines Mannes, sich davon rühren lassen kann. Wie also, wenn um gewisse Handlungen und Situationen, ich will nicht sagen gläublich, nur begreiflich zu machen, gewisse andere Handlungen und Situationen vorausgeschickt werden müßten, deren wir auf keine Art und Weise entraten könnten, ohne das ganze Vergnügen der Täuschung (des heiligsten Grundgesetzes aller Poeterei) aufzugeben? Das Theater ist ein Schauspiel *der Sinne*, nicht des *Gedächtnisses*, der *Einbildungskraft*. Wenn diesen notwendigen vorbereitenden Handlungen und Situationen zehnmal lieber Zeit und Ort aufgeopfert, als meine Sinne durch ungereimte Erscheinungen, wie in einem Schattenspiel, mehr befremdet und betäubt als gerührt würden; wenn z. B. in gegenwärtigem Stück die Situation des Vaters, als er auf die Galeere geschleppt werden sollte, die großmütige Aufopferung des Sohnes, die Bestürzung der Seinigen, mir vor die Augen gebracht worden wäre, hieße das mit dem Ei der Leda anfangen? Ich meine nicht. Um wie ein großes würde die Wahrscheinlichkeit, und der *Eindruck* der Szene beim Hafen dabei gewinnen? Und wenn ich nur begreifen könnte, wie die Braut so eben zurecht nach Marseille gekommen wäre, wenn ich sie bei dem Tode ihres Mannes mit ihrem ganzen Vermögen aufsitzen gesehen, um ihren ersten Geliebten zu suchen, wenn sie dann, laß es sein ein sympathetischer Zug, nach dem Hafen von Marseille gezogen – und ich nun diesen unglücklichen Liebhaber als Galeerensklaven auf sie zukommen – wie würde sinnlicher Betrug von sinnlichem Betrug unterstützt, den hohen Grad der Täuschung den gewaltigen Schlag der Rührung vermehren? Soll ich mir alles dies jetzt in Gedanken vorstellen? Und warum in Gedanken? Weil ich mir keine Verwandlung der Szenen denken, mich nicht in Gedanken von einem Ort zum andern hinversetzen kann, das ich doch im Roman, das ich doch in diesem Schauspiel selbst tun muß, und mit unendlich mehr Mühe, da es mir nicht durch sinnliche Hülfsmittel erleichtert wird. Und was für Köpfe setzt der Dichter voraus bei dieser Zumutung da seine geschraubte und gewundene Erzählung bei dem Zuhörer wahrhaftig kein Bild in der Seele zurücklassen wird. Unendlich phantasiereichere und genievollere Köpfe, als der seinige war, sich das Sinnliche gegenwärtig zu machen, was mit dem Feuer zu vergegenwärtigen, daß wir Zeit und Ort darüber vergäßen, er selbst verzweifelte. Aber die Stücke werden zu lang? Ha, wenn Maß, Ziel und Verhältnis nicht in der Seele des Dichters ist, die drei Einheiten werden es nicht hereinbringen. Hier eben ruhen die Geheimnisse der Kunst, die zu entschleiern keine verwegene Kunstlehrerhand vermögend ist. Der große Schlag der Haupthandlung, zu dem alle übrigen nur untergeordnet wirken, er entsteht in der Seele des Dichters, wie ein Donnerschlag am Himmel; wer will dem Gang und Weg vorzeichnen? Ein unvernehmlichs Krachen in den Wolken mit tausend Wetterleuchten umher hat aber noch nie *eingeschlagen.*

Das Hochburger Schloß*

Nirgends hab ich die Wahrheit, teurer W**! über die wir in einsamen Abendgesprächen eins wurden, lebhafter empfunden, daß alle Kunst ewig ist, als in den Gemäuren von Hochburg. Ich weiß nicht durch was für unbekannte Gesetze der Seele mir, wenn ich auf diesen nackten Felsen herumhüpfe, Shakespear so gerne einfällt, – wenn ich jene abgerissene Säule wie eine Insel ihr buschigtes Haupt dem Regen und Ungewitter darbieten sehe, ich König Lear zu sehen wähne, wie er die Winde aufruft es seinen Töchtern zuvorzutun – wie er mit seinem Narren allein dasteht, der durch die äußersten Grausamkeiten des Himmels so weit getrieben wird, daß er seines Amtes vergißt und ausruft: Diese kalte Nacht wird uns alle zu Narren und Wahnwitzigen machen. Ich sehe die ganze erschütternde Gesellschaft von Unglücklichen, den Vater, der durch einen Bastard hintergangen, seinen geliebten Sohn für einen Vatermörder hält; den Sohn selbst in einen Tollhäuser verkleidet, vor dem Vater zurückbebend, während Lear ihn zwingen will zu bekennen, seine Töchter hätten ihm das zugezogen; den edlen Kent, der mit Lebensgefahr zurückkommt diesem Herrn der ihn verbannt hat, in einem Zustande zu dienen, da die ganze Natur wider ihn empört zu sein scheinet – Solche Gegenstände müssen an solchem Ort erwogen werden und sie stellen sich da von selber vor.

Die Natur zerstört Schlösser um herrlichere Gegenstände für die Kunst hervorzubringen; und wär es nichts weiter, als dem Geist des nachfolgenden Künstlers aus den Resten dieses großen Werks zu ahnden übrigzulassen. Daher das unvollendete oft an dem Höchsten. Der Geist des Künstlers wiegt mehr als das Werk seiner Kunst.

Und nun der Geist, der einen Lear schuf – in diese Wirre von Umständen und Personen die ihn zu dem ersten und

* Die Ruinen eines alten Raubschlosses auf einem hohen Berge im Schwarzwalde.

unglücklichsten aller Menschen machen – In diesem Alter – mit dieser menschlichen Ungerechtigkeit gegen einen Engel, den er in der letzten Szene tot auf die Bühne trägt! – Welcher Gewaltige hat seinen Bogen höher gespannet, tötenderes Geschoß darauf gelegt?
Wo ist ein König, der dieses Blatt in die Hand nimmt und nicht in den innersten Tiefen seiner Seele fühlt: So kann niemand als ein König leiden: so würde ich sprechen, so würde ich zu sprechen wünschen, wenn mir etwas Ähnliches widerführe. Diese Hoheit unter der Schmach der Undankbarkeit seiner Kinder, diese feste Überredung es könne das nicht geschehen sein was doch – gar zu grausam! immer vor ihm geschicht, dieser Unglaube an das Laster, diese Schmeicheleien an das letzte Kind das ihm übrig ist, es möchte die Unnatürlichkeit des ältesten nicht nachahmen, diese entsetzliche Verwünschungen des ersten, um das zweite dadurch von seinem Verbrechen abzuschrecken – dieses unerhörte Gewißwerden einer noch größern Abscheulichkeit an diesem, dieses Hinausstürzen aus seinen Toren den aufgebrachten Elementen entgegen, um nur nicht Zeuge dessen zu sein, das er aus Mitleiden gegen sich selbst, sich zu verhehlen vergeblich gerungen hatte – doch wer darf über Laokoon reden? Und über Lear, wer darf das? –
Und nun vollends ihn verteidigen – ihn gegen Schmähungen retten? – zugeben, daß bei all seinen Fehlern –*
Doch ich sage kein Wort. Voltairens Brief an die Akademie war das herrlichste Zeugnis für Shakespearn, je schmähender, desto herrlicher, desto redender der Beweis, daß er sich verdunkelt zu werden fürchtete – bei einer Nation die ihm eine Säule setzte, und mit Recht.** Warum Sh. verteidigen? Wozu die Kleinherzigkeit? Etwa weil V. sagte, in dem Ausdruck: Ich habe keine Maus treten hören, läg' eine Abgeschmacktheit. Wem ist denn nicht bekannt, daß seine Semiramis kein Kind erschreckt hat, daß Piron ihm drüber zurief: Bourreau

* S. die Verteidigung Shakespears gegen einige neue Voltairische usf.
** Obschon ich dem Genfer Philosophen eine gegenüber wünschte.

tu voudrais bien que je l'eusse faite*[1] – derweile Shakespears Gespenst Weiber kreißen machte, eben weil es durch diesen ungekünstelten Ausdruck des Soldaten vorbereitet war. O der Schrei der Natur braucht keiner Verteidigung, er läßt sich in allen Menschen hören.

Alles was Voltaire wider ihn sagt, weist den unglücklichen Liebhaber, der, anstatt sich die Neigung seiner Nation auch dadurch zu erhalten, daß er ihrer Untreue selbst und ihrem Eigensinn in den Vergnügungen, worin denn nun jeder Mensch seinen Eigensinn haben will, Vorschub tut, hingeht und sich ihr durch seine Eifersucht vollends beschwerlich macht. Nichts als sein Alter kann ihn entschuldigen: wozu braucht's aber bei einem solchen Fehlschritt den er tut – Verteidigung?

Wird man nicht gezwungen sein, Sh. am Ende gegen seine Freunde, gegen seine Verteidiger zu verteidigen? Wenn seine Helden nicht so sprechen als sie zu unsern Zeiten würden gesprochen haben, wem suchte er sie anschaulich, wem interessant zu machen, seiner Zeit, oder der unsrigen? Ist das Fehler, Ihr die ihr Studium aus ihm machen sollt? – Götter und Menschen! ist das Fehler? Kommt es nicht darauf, darauf allein an, wie er sich die Helden gedacht hat, nicht wie sie uns ein schielendes Nebenwort darstellt? Kann er dafür, daß wir an Nebenwörtern hängenbleiben, daß unsere Abstraktionsgabe so klein, unsere Vorstellungskräfte so dürftig sind? Daß Voltaire so tut, verdenk ich ihm nicht; aber daß seine Gegner so unendlich treuherzig sind, und in vollem Ernst seine Ausflüchte für Schmähungen beantworten – Haben sie denn nie einen Menschen in der Passion sprechen hören? Welch ein Triumph für ein Mädchen, die es bei ihrer Nebenbuhlerin dahin bringt!

Eine ganz andere Verteidigung von Shakespearn nehme ich über mich, gegen seine Verteidiger, gegen seine Schutzredner, gegen Alexander Popen der seine Werke herausgegeben hat.

* Mais tu n'applaudis pas, sagte Voltaire zu Piron, que dis tu de ma pièce?[2]

1. Henker, du wolltest wohl, daß ich sie gemacht hätte.
2. Aber du applaudierst nicht, . . ., was sagst du über mein Stück?

Er sagt in der Vorrede seiner Ausgabe von einigen Stücken, die er als elend brandmarkt, es sei wahrscheinlich, daß sie Shakespearn untergeschoben worden und er aufs höchste nur bei etlichen Szenen seine Hand gehabt. Ich muß gestehen, das Beiwort elend, bei Stücken, bei denen er auch nur die Hand gehabt, beunruhigte mich außerordentlich. Wie aber, wenn ich bei näherer Untersuchung gefunden, daß Pope all diese Stücke die er, um sich's bequem zu machen, unter Einen Haufen warf, wahrscheinlich nicht gelesen, geschweige auf kritischer Waage abgewogen? Daß sie nicht ganz von Shak. sind, gebe ich zu; daß er bei den meisten vermutlich nur das Canevas entworfen, glaube ich auch; daß er an dem abscheulichen Stück Titus Andronicus nicht den mindesten Anteil hatte, bin ich überzeugt; aber daß Perikles, der Londner Verschwender, Lord Cobham, Thomas Cromwell elende Stücke sind, getraue ich mich öffentlich zu widersprechen.

Im Perikles, König von Tyrus,* ist der ganze Gang des Stücks, so wild er scheint, Shakespearisch. Ein König, der den Nachstellungen eines mächtigern entflieht, Schiffbruch leidet, unter Fischer kömmt, sich einen Harnisch auffischt, damit zu den Turnierspielen geht, unerkannt den Preis erhält, mit des Königs Tochter vermählt wird, mit ihr zur See geht, sie dort verliert, ihr Kind, das er Marina nennt, an dem sein ganzes Herz hängt, einem Gouverneur in Tharsus, seinem besten Freunde aufzuheben gibt, derweil er nach Hause eilt, um einen ausgebrochenen Aufruhr zu stillen; darauf wiederkehrt, seine Marina vorgeblich tot find't und bei ihrem Grabmal, das man ihm zeigt, die Sprache verliert, darauf drei Monat auf der See umherirrt, weil seine Leute ihn durch die Reise zu zerstreuen suchen, in einem Seehafen ein Mädchen zu ihm an Bord des Schiffs gebracht wird, das ihn mit ihrer Laute, auf der sie Wunder tut, aufzumuntern versuchen soll, er, nachdem er ihr eine Weile zugehört, sie angestarrt, ausbricht: Hum, ha! der erste artikulierte Laut, den man in drei Monaten von ihm gehört, sie ihm näher tritt, er sie zurückstößt,

* In einer ältern Ausgabe von Shakespears Werken, die zu London 1714 herausgekommen printed for Jacob Tonson, in the Strand.

sie sich nicht erschröcken läßt, bis er zu reden anfängt: »Mein Weib«, sagt er nach einigen Fragen, »sah aus wie dies Mädchen und so hätte meine Tochter werden können. Wo wohnst du, wo wardst du erzogen?«

Sie. Meine Geschichte würde dir Lügen scheinen, wenn ich sie erzählte, du würdest die Geduld nicht haben, sie auszuhören.

Er. O erzähl, erzähle! Falschheit kann unter diesen Mienen nicht wohnen, die bescheiden wie das Antlitz der Gerechtigkeit, wie die Wohnung der Wahrheit sind. Ich will dir alles glauben, ich will meine Sinnen zwingen, sich die Unmöglichkeit selbst möglich vorzustellen, denn du siehst einer ähnlich, die ich liebte – Wer sind deine Freunde? Kamst du nicht wieder als ich dich zurückstieß? Ach da überfiel mich's, du müßtest nicht von gemeiner Geburt sein.

Marina. Auch bin ich's nicht.

Perikles. Wer sind deine Eltern? Sagtest du nicht, du hättest viel Unrecht erlitten und deine Leiden könnten den meinigen gleichkommen, wenn du sie erzähltest?

Marina. So sagt ich.

Perikles. Erzähle mir alles. O wenn es der tausendste Teil meines Ungemachs ist, so bist du ein Mann und ich habe gelitten, als ein Weib. Denn du siehst aus wie die Geduld, die auf die Gräber der Könige hinabsieht und der äußersten Strenge des Schicksals die Waage aus der Hand lächelt. Wer sind deine Freunde? wie heißest du? Liebes Mädchen komm sitz zu mir nieder.

Marina. Ich heiße Marina.

Perikles. Marina! – O der Himmel spottet meiner, irgendein erzürnter Gott send't mich hieher, der ganzen Welt zum Gelächter zu dienen.

Marina. Ich bitte Euch, lieber Herr, seid geruhig, oder ich will hier abbrechen.

Perikles. Fahr fort, fahr fort.

Marina. Es war ein Mann von Ansehen und Macht, der mir diesen Namen gab, es war mein Vater und – ein König.

P e r i k l e s. Eines Königs Tochter! und Marina! –

M a r i n a. Ich sagt's Euch zum Voraus, daß Ihr mir nicht glauben würdet.

P e r i k l e s. Du hast Blut in den Adern, du bist keine Erscheinung – und Marina – wo wardst du geboren.

M a r i n a. Auf dem Meer, darum gab mir mein Vater diesen Namen.

P e r i k l e s. Gib mir andere Kleider, Helikanus usf.

Ich frage, ob eine Wiedererkennung rührender sein kann, besonders wenn sie vorbereitet worden, wie sie es durch die Schicksale des unschuldsvollen Mädgens ist, die im vorhergehenden Akt dargelegt werden. Der Gouverneur von Tharsus erzog sie mit seiner Tochter, die sie in allen Stücken verdunkelte; die Mutter ward neidisch darüber und trug einem Bedienten auf, sie auf einem Spaziergange zu ermorden, der aber durch ihre Schönheit gerührt sie an Seeräuber verkaufte. Diese taten sie in ein lüderliches Haus, wo ihre Tugend auf die härtesten Proben gestellt ward und sie die zügellosesten Wollüstlinge in einer Entfernung zu erhalten wußte, daß die Aufseherin des Hauses sagte, ihr Haus sei eine Kirche geworden, sie verliere die Kundschaft, jedermann ginge betend fort. Es ist wahr, diese Szenen sind mit zu weniger Delikatesse behandelt, als daß sie Sh. zugeschrieben werden könnten: indessen ist auch hier nicht von der Ausführung, sondern von dem ersten Entwurf des Stücks die Rede.

Im Londner Verschwender ist der Hauptcharakter mit einer Wahrheit angelegt und durchgeführt, die überall den Meister verrät. Man stelle sich vor, was es für Szenen geben muß, wenn ein junger Durchbringer seine Verwandten in London mit Borgen auf ihren Namen so in die Enge treibt, daß sie sich beim Vater darüber beschweren müssen; wenn der Vater, um ein Augenzeuge der Verschwendungen seines Sohns zu sein, sich selbst unter einer Verkleidung nach London auf den Weg macht, und beim Sohn, der ihn nicht erkennt, in Dienste begibt; wenn dieser auf die grausamste Art mit ihm umspringt, ihn zwingt, ihm bei allen Wucherern und Geldjuden

Geld aufzutreiben; wenn er hernach vorgibt, sein Vater sei gestorben und hab ihn zum einzigen Erben eingesetzt, welches dieser mit der entschlossensten Geduld leidet, um zu sehen wie weit der Sohn es treiben werde; wenn er unter diesem Vorwand eine reiche Erbin heiratet, wozu ihm der Vater selber behülflich ist, weil er hofft, diese Person, welche alle Tugenden ihres Geschlechts besitzt, werde ihn am ersten zurückbringen; wie er nichtsdestoweniger in seiner Verschwendung fortfährt, bis seine Frau, die einen harten Vater hat, ihr Brot durch Dienen bei ihrer eigenen Schwester suchen muß; wie er erst Bettler, dann Straßenräuber wird, und seiner eigenen Frau, die ihn wohl erkennt, und deren Güte für ihn ohne Grenzen ist, ihren letzten Schilling abbettelt, unter dem Vorwand, er habe eine kranke bettlägerige Frau zu Hause; wie er auch an seinen Schwiegervater kommt, der ihn aber erkennt und übel mit ihm abfährt; wie man ihn endlich in Arrest führen will, seine Frau ihren Vater auf den Knien bittet, ihr zu erlauben, ihn dahin zu begleiten; wie er durch diese äußerste Probe der Treue gerührt, das erstemal in sich geht, und nun sein Vater hervorspringt und sich zu erkennen gibt usf.

Wer hat junge Verschwender gekannt, und findet hier nicht Geschichte des menschlichen Herzens?

Im Lord Cobham wird ein Bierbrauer Murley von der protestantischen Partei, wegen Geldmangels von den Rebellen zum Ritter geschlagen und zum Anführer eines Teils der Armee gemacht, dagegen er über fünftausend Pfund Sterling erlegen muß. Die Szene ist eine von den originellsten die ich gelesen, wo er mit seinen Sporen, die er in den Busen gesteckt, auf dem Schlachtfeld erscheint, und anfangs große Schwürigkeiten macht die Schlacht auf den Freitag zu liefern, weil in dem Jahr die Unschuldigen Kindlein auf den Freitag gefallen sind usf.

In eben diesem Stück zwingt Harpool, ein handfester braver Bedienter des Lord Cobham, den Ministerial des Bischofs von Rochester, der ihn in seiner Abwesenheit ohne Vorbewußt des Königs zitieren ließ, um eine Sache an ihm zu haben, wenn jener sich nicht stellte; da der Gerichtsdiener ohnedas sehr hungrig ist, und dieser unterm Vorwand, ihm ein Frühstück reichen zu lassen, ihn ins Haus gelockt hat, seine Zitation mit Siegel und allem aufzuessen. Eben dieser Harpool zwingt den Bischof, als er seinen Herrn im Gefängnis besucht, (weil ihm bange ward, der König könnte sich wohl seiner annehmen) mit seinem Herrn die Kleider zu wechseln, der in dem bischöflichem Ornat ungehindert durch die Wachen kommt.

Selbst im Thomas Cromwell sind ausgezeichnet gute Stellen. Thomas ist eines Schmieds Sohn, schwingt sich aber durch sein unermüdetes Studieren empor. Die erste Szene, in der er bei dem Lärmen der Schmiede studiert, ist gewiß nicht uninteressant, so wenig als die, da er einen Lord aus seinem Vaterlande mitten durch die Wachen seiner nachstellenden Feinde in Italien führt, in dem Kleide eines tölpischen Knechts, den er aus England mitgenommen, und der in dem Kleide des Lords von ihnen gefangengenommen, da sie aber sehen, daß sie auf der Gottes Welt nichts mit ihm anfangen können, wieder losgelassen wird.

Ich bin freilich überzeugt, daß Sh. Ruhm durch diese Stücke nichts gewinnen kann, vielmehr, daß sie ihn verdunkeln würden, wenn man sie ihm ganz zuschreiben wollte. Indessen kränkt es mich doch, daß man ein Stück, das auch nur unter seiner Aufsicht gespielt worden, elend nennt – und daß man für seine Fehler warnen will. Für einen Pfuscher von Nachahmer sind alle Warnungen doch ohnehin verloren; und was sollen sie bei dem übrigen Publikum, das noch viel zu wenig bekannt mit seinem Wert ist und so leicht wirkliche Schönheiten für Fehler nehmen kann? Wenn soll da je der Geschmack fest und groß und edel werden, und sich nicht an jeder Kleinigkeit stoßen, über die die Meinungen der Menschen doch ewig geteilt sein werden?

Verteidigung des Herrn W. gegen die Wolken

(Auszug)

Mit alledem bin ich weit säuberlicher mit Herrn W. gefahren, als er mit mir, ich habe ihn nicht an dem Flecken anzutasten gesucht, wo es ihm am wehesten tun mußte, wie er wohl gegen mich, und das mit aller möglichen Feinheit, die Genie und Witz ihm nur an die Hand geben konnten, obwohl dennoch vergeblich versucht hat. Er sah, daß ich mich durchaus in Shakespears Manier und die Komposition, die aufs Große geht, und sich auf Zeit und Ort nicht einschränken kann, hineinstudiert hatte, was tat er? er suchte diese Manier als kunstlos und ungebunden verdächtig zu machen, in dem Augenblick, da sie ohnedem durch unsere eingealterten Theaterverträge überall Widerspruch genug finden mußte. Wie, wenn ich nun das Blatt umgekehrt, und nicht mit der Miene eines rüstigen Knaben, sondern eines alten, erfahrnen, untrüglichen Kunstrichters seine Oper durchzugehen angefangen, sie in den letzten Akten langweilig, die Entwickelung nicht übereilt, aber zu schwach vorbereitet, zu kalt ausgeführt gescholten hätte? – Shakespears Manier ist nicht ungebunden, mein ehrwürdiger Herr Danischmende, sie ist gebundener als die neuere, für einen, der seine Phantasei nicht will gaukeln lassen, sondern fassen, darstellen, lebendig machen, wie er tat. Die dramatische Behandlung eines großen Gegenstandes ist *nicht so leicht*, als Sie es wollen glauben machen; und eben der Mangel der sonst *bequemen Stützen der Täuschung*, der *Zeit* und des *Orts* macht die Schwürigkeiten *größer*, und sollte alle die, so in der Kunst *des würklich üblichen Theaters nicht alle Schritte durchgemacht*, von einem Unternehmen von der Art *zurückschröcken.* Durchaus nicht Unbekanntschaft mit dem wirklichen Theater und dessen Erfordernissen, sondern Überdruß allein kann einen Schritt zu der höheren Gattung rechtfertigen. Theater bleibt immer Theater, und Vorstellungs- und Fassungsart dieselben, so wie dieselben Regeln der Perspektive für ein Kaminstück und für ein Altarblatt gelten, nur daß jeder Gegenstand auch eine andere Behandlungsart erfodert. Die Hauptsache wird immer die *Wahrheit* und der *Ausdruck* des Gemäldes bleiben, von der ein Mensch allein nie urteilen kann, besonders wenn ihm Leidenschaften die Augen verdunkeln.

Coriolan

(Auszug)

PERSONEN DES STÜCKS.

C o r i o l a n, Feldherr in Rom, ehmals Martius genannt
M e n e n i u s , ein Senator, sein Freund
C o m e n i u s } Feldherren, seine Freunde
L a r t i u s }
S i c i n i u s } Tribunen, Feinde Coriolans
B r u t u s }
V o l u m n i a , Coriolans Mutter
V i r g i l i a , Coriolans Frau
V a l e r i a , eine Freundin
A u f i d i u s , General der Volsker

Einige Soldaten, Bediente und andere.

ERSTER AKT

ERSTE SZENE

Tumult in Rom wegen des Brotmangels. Menenius sucht das Volk zu besänftigen.

M e n e n i u s. Freunde, ich versichere euch daß sich der Senat eure Not angelegen sein lässet und mit diesen euren rebellischen Knitteln könntet ihr mit eben dem Recht gegen den Himmel schlagen als auf die Patrizier, denn die Teurung schickten euch die Götter, nicht sie; eure Knie vor denen, nicht eure Arme müßt ihr brauchen, wenn ihr wollt geholfen sein. Ihr aber wütet gegen die so als Väter für euch sorgen.

E i n B ü r g e r. Sorgen? ja sie sorgen schön. Lassen uns hungern und ihre Vorratshäuser sind vollgestopft von Korn.

Hierauf erzählt ihnen Menenius mit sehr vieler Gelassenheit die Fabel vom Magen gegen den sich einst die andern Glieder des Körpers empört hatten, weil er so ruhig schien und ihm doch alle Speisen zugeführt werden müßten, der sich aber verantwortet, daß er es sei, der dagegen den Nahrungssaft daraus dem ganzen Körper mitteile. Hiervon macht er die Anwendung auf den Römischen Staat, und nennt einen der kecksten Bürger den großen Zeh, der darüber in Feuer gerät und den Menenius gleichfalls aus seiner Fassung bringt. Cajus Martius kommt dazu und fährt sie sehr scharf an. Unter anderm sagt er:

Martius. Wer Ehre verdient, verdient euren Haß, eure Neigungen sind wie der Appetit eines Kranken der das am eifrigsten begehrt was seine Krankheit vermehret. Was wollen sie

Menenius. Korn – auf ihre eigene Unkosten. Sie meinen es ist Vorrat genug da

Martius. Sie meinen – hängt sie! sie sitzen bei ihrem Herd und wollen wissen was auf dem Kapitol vorgeht.

In dem Augenblick kommt die Nachricht, der Feind sei vor der Stadt.

Senatoren und Tribunen.

Ein Senator. Ja Martius, es ist wahr, die Volsker sind in Waffen.

Martius. Sie haben Tullius Aufidius zum Anführer Ich sündige daß ich den Mann beneide. Aber wenn die halbe Welt in Waffen wäre gegen die andere Hälfte und er auf meiner Seite, so wollt ich übergehen, um nur mit ihm zu tun zu haben. Er ist ein Löwe, den ich hetzen möchte – *(Zum Volk.)* Ha nun ihr Kornmäuse, folgt mir, die Volsker haben Getreid genug, da könnt ihr euch satt essen. *(Gehn ab. Die beiden Tribunen seine Neider bleiben.)*

Der eine sagt. Ein Naturell wie das, wenn ihm das Glück lächelt, verachtet den Schatten den er am Mittag tritt. Sein Stolz hat seinesgleichen nicht, er fiele die Götter an, wenn er gereizt wird. Mich wundert, wie er so gelassen in diesem Kriege dem Comenius kann das Kommando führen sehen

der andere. Sein Ehrgeiz kann auf keine bessere Weise befriedigt werden. Mißglückt der Krieg, so ist alles des Generals Schuld, glückt er, so eignet sich Martius den Verdienst davon zu. usf.

DRITTE SZENE

In Rom.

Volumnia und Virgilia sitzen und nähen.

Volumnia. Ich bitte Euch Tochter, singt, oder beruhigt Euch auf eine andere Art. Wenn mein Sohn mein Gemahl wäre, so würd' ich mich bei seiner Abwesenheit wo er Ehre einerntet, fröhlicher beweisen als bei den Liebkosungen seines Ehebetts. Als er noch ein Kind war und seine Jugend und Annehmlichkeiten jedermanns Augen auf sich zogen, da dacht' ich der Junge ist nichts besser als ein Gemälde an der Wand aufzuhängen, wenn ihn mir der Ruhm nicht lebendig macht, ich ließ ihn also Gefahr aufsuchen um Ruhm zu finden, in einen grausamen Krieg schickte ich ihn, er kam zurück die Stirn umwunden mit Eichenlaub. Ich sage dir Tochter, ich sprang nicht so freudig auf in meinem Bett als ich hörte, er sei geboren, als nun da ich hörte er sei würdig von mir geboren zu sein.

Virgilia. Aber wenn er in den Lehrjahren gestorben wäre, Mama! wie denn?

Volumnia. So wäre sein Nachruhm mein Sohn gewesen. Immer wollt' ich einen Trost gefunden haben. Hör ich will aufrichtig sein, hätt' ich ein Dutzend Söhne und alle so lieb wie Martius so teu'r wie Martius, lieber wünscht' ich elfe stürben edel fürs Vaterland als daß einer sein Leben rettete auf eine unedle Art.

Eine Bediente. Madam, Lady Valeria kommt Euch zu besuchen.

Virgilia. Liebe Mutter, erlaubt mir daß ich mich wegbegeben darf

Volumnia. Nein du sollst nicht. Mich dünkt, ich höre bis hieher die Trommel deines Mannes, ich sehe ihn den Aufidius bei den Haaren schleppen und die Volsker vor ihm laufen, wie Kinder vor einem Bären. Ich seh ihn stampfen, ich hör ihn rufen, kommt an ihr Schurken, ihr wurdet mit Furcht gezeugt, obschon eure Väter Römer waren. Ich seh ihn mit gepanzerter Faust und blutiger Stirn alles wegmähen was vor ihn kommt

Virgilia. Mit blutiger Stirn – O Jupiter, kein Blut

Volumnia. Weg Törin, Blut glänzt schöner am Mann als Gold. Hekubas Brust als sie Hektorn säugte, sah nicht schöner aus als Hektors Haupt da es von griechischen Schwertern blutete – *(Zur Bedienten.)* Sag der Valeria, wir erwarten sie. *(Bediente ab.)*

Virgilia. O Himmel schütze meinen Mann gegen Aufidius.

Volumnia. Er wird Aufidius' Kopf zwischen seine Knie nehmen und ihm so auf den Nacken treten

(Valeria kommt.)

Valeria. Ich wünsche meinen beiden Ladies einen schönen Tag

Volumnia *(aufstehend)*. Willkommen angenehme Lady.

Jetzt geht die Konversation fort, wo Valeria von Virgiliens kleinem Sohn viel Lobens macht, wie er die Schmetterlinge haschte und wieder fliegen ließ, wieder haschte und wieder fliegen ließ. Er hat seines Vaters Geist, sagt Volumnia. Ein kleiner Galgendieb, sagt Virgilia. Valeria will sie überreden mit ihr in Gesellschaft zu gehen. Sie weigert sich dessen auf eine sehr bescheidene Art und bleibt zu Hause

Valeria. In Ernst Madam kommen Sie mit. Ich will Ihnen auch Neuigkeiten von Ihrem Mann sagen

Virgilia. Ach gute Madam, es können noch keine da sein

Valeria. In der Tat, ich scherze nicht, es kamen Neuigkeiten an die letzte Nacht

V i r g i l i a. In der Tat?

V a l e r i a. In der Tat, es ist wahr, ich habe einen Senator gesprochen. Er sagte die Hauptarmee unter dem Comenius ist gegen die Volsker gegangen Titus Lartius aber und Ihr Mann stehen vor Coriolus. Man hofft es wird alles gut gehn. usf.

VIERTE SZENE

Die Mauern von Coriolus.

Martius fodert die Stadt auf. Ein Senator antwortet ihm höhnisch. Man legt Sturmleiter an

M a r t i u s *(zu Lartius)*. Sie verachten uns über unsere Erwartung. Es macht mich schwitzen für Zorn. Hinan brave Gesellen! wer zurückweicht, den werd ich für einen Volsker ansehn und er soll mein Schwert fühlen

Die Römer werden zu ihren Transcheen zurückgetrieben. Martius tritt auf

M a r t i u s. Die Pest des ganzen Südens flamme auf euch, ihr Schandflecken von Rom, ihr Herden voll Wunden und Eiterbeulen, bepflastert euch, damit ihr verabscheut werdet weiter als man euch sehen kann, verpestet die Luft eine Meile um euch her, steckt euch einer den andern an mit konträrem Wind! Ihr Gänseseelen die ihr nur die Figur von Menschen habt, ihr lauft vor Kerls, die Affen beißen würden. Pluto und Hölle, alle umgekehrt, alle die Rücken rot und die Fratzen bleich – wollt ihr halten, wollt ihr umkehren, oder beim Feuer vom Himmel, ich will mich mit zum Feind stellen und auf euch einhauen. Kehrt um, steht, treibt sie zu ihren Weibern zurück

Getümmel. Die Tore von Coriolus öffnen sich. Martius dringt herein. Man schließt hinter ihm zu.

M a r t i u s *(ruft hinter der Szene)*. Folgt mir brave Kameraden! Das Glück hat uns die Tore geöffnet –

Titus Lartius kommt.

L a r t i u s. Was ist aus Martius geworden

Alle. Ohne Zweifel ist er erschlagen

Ein Soldat. Er drängte zu hitzig in die Stadt hinein, man hat hinter ihm zugemacht. Jetzt wehrt er sich allein gegen die ganze Stadt

Lartius. O edelster der Männer usf.

Martius kommt wieder heraus blutend, die Feinde verfolgen ihn.

Ein Soldat. Seht Herr

Lartius. Das ist Martius. Zu Hülfe ihm jetzt, oder alles ist verloren.

(Sie fechten und dringen alle in die Stadt ein. Soldaten mit Beute. Lartius und Martius, mit Trompetenschall treten vorwärts. Martius bittet ihn auf die Stadt achtzuhaben, er will mit dem Rest der Truppen dem Comenius zu Hülfe eilen.)

Lartius. Würdiger Freund, du blutest, die Bewegung ist zu heftig für Dich gewesen, du darfst keinen zweiten Strauß wagen.

Martius. Lobt mich nicht: es hat mir noch nicht warm gemacht. Mein Blutlaß wird guttun So will ich vorm Aufidius erscheinen und fechten mit ihm

Lartius. So möge denn die Göttin Fortuna verliebt in dich werden und jeden Schwertstreich deiner Feinde von dir ablenken. Ich kann dich nicht zurückhalten

Martius. Sei glücklich. Leb wohl. *(Ab.)*

Gespräch des Comenius und des Martius.

Comenius. Wer ist jener, der da ankommt, über und über blutig. Götter er hat Martius' Gang

Martius. Komm ich zu spät?

Comenius. Seine Stimme, ich kenne sie, wie Landleute den entfernten Donner.

Martius. Komm ich zu spät?

Comenius. Ach freilich, wenn es nicht fremdes Blut ist in das du eingehüllt bist sondern dein eigenes

Martius. Ach ich umarm Euch mit so frischem Herzen, als stünd' ich vor meinem Hochzeitsbett

C o m e n i u s. Blume unsrer Helden, was macht Titus Lartius

M a r t i u s. Sehr beschäftigt, wie ein Staatsminister, verbannt den zum Schafott, den ins Exilium, begnadigt diesen, drohet jenem, kurzum er hat Coriolus

C o m e n i u s. Wo ist der Sklave der mir sagte, ihr wärt zurückgetrieben worden? er soll sterben

M a r t i u s. Laß ihn, er hat wahr gered't. Unsere Leute (ha daß Pest und Tribunen über sie kommen mögen) Mäuse können nicht so laufen vor einer Katze wie sie für noch größern Hasenfüßen als sie selber waren

C o m e n i u s. Wie gewannt ihr denn

M a r t i u s. Werd ich noch Zeit haben es zu erzählen? Ich denke nicht – wo ist der Feind? Steht die Armee gegen ihm. Was zögert ihr denn hier

C o m e n i u s. Martius wir haben uns retirieren müssen, aber zu unserm Vorteil –

M a r t i u s. Wie haben sie sich gestellt? Auf welcher Seite stehen ihre brävsten Truppen?

C o m e n i u s. Wie ich glaube Martius im Vortrab und Aufidius führt sie an

M a r t i u s. Ich bitte Euch, bei allen Schlachten die wir zusammen machten, bei dem Blut das wir zusammen vergossen, bei der Freundschaft die wir uns schworen, laßt mich gerade gegenüber dem Aufidius und seinen Antiaten stehen – und ohne Aufschub, kommandiert zum Angriff noch in dieser Stunde

C o m e n i u s. Obschon ich lieber wünschte, dich in ein Bad führen zu können und Balsam auf diese Wunden zu gießen – doch wer kann Dir was abschlagen usf.

Jetzt werden die Veranstaltungen zur Schlacht gemacht. Szene in der Schlacht, wo Martius und Aufidius aufeinandertreffen.

M a r t i u s. Ich fechte heut mit niemand als dir, ich hasse dich mehr als einen Meineidigen

A u f i d i u s. Wir hassen gleich. Afrika hat keine Schlange die ich mehr verabscheute als dich und deinen Ruhm. Steh!

M a r t i u s. Der erste der weicht, sterb' als des andern Sklave. Und nach dem Tode verdammen ihn die Götter!

A u f i d i u s. Wenn ich flieh, schrei mir nach wie einem Hirschen

M a r t i u s. Drei Stunden Mann! hab ich allein in Coriolus gefochten und gewirtschaftet, das ist nicht mein Blut womit du mich hier umwickelt siehst, vergeh für Rache, es ist Volskerblut

A u f i d i u s. Und wärst du Hektor selbst die Geißel eurer Vorfahren, du solltest meinen Händen diesmal nicht entgehen.

(Sie fechten. Einige Volsker kommen dem Aufidius zu Hülf. Martius treibt sie alle zurück.)

Trompeten. Der Abzug wird geblasen. Comenius tritt herein mit Martius, der den Arm in der Binde trägt.

C o m e n i u s. Sollt' ich Dir alles erzählen was heute geschehen ist, du würdst deine eigenen Taten nicht glauben. Aber ich will es erzählen, wo die Senatoren Tränen in ihr Lächeln mischen sollen, wo die großen Patrizier aufhorchen und schauern, dann bewundern, die Ladies für Erstaunen und Freude schreien und dann weiter zuhören sollen, wo die verhaßten Tribunen selber so sehr sie dich hassen wider ihr eigenes Herz ausrufen sollen: Dank sei den Göttern, daß Rom solch einen Soldaten hatte

Titus Lartius kommt mit Gefolge

L a r t i u s. O General, hier siehst du das Roß, wir waren nur der Zierat

M a r t i u s. Ich bitt euch nicht mehr. Meine Mutter allein hat die Erlaubnis mich zu loben, und doch tut sie mir weh damit. Ich habe getan was ich konnte und jeder der denselben guten Willen gehabt hat, tat ebensoviel

C o m e n i u s. Du sollst nicht das Grab deiner Verdienste werden Rom muß wissen, was es an dir hat. Das zu verhehlen wär' ärger als ein Diebstahl ärger als Gotteslästerung

M a r t i u s. Ich habe einige Wunden an mir, sie schmerzen

mir wenn man davon red't

Comenius. O sie würden ärger schmerzen wenn wir schwiegen sie würden tödlich werden

Er bietet ihm den zehnten Teil der Beute an. Martius schlägt ihn aus. Ein allgemeines Geschrei der Armee die ihre Hüte in die Höhe werfen. Martius erzürnt sich über die Ehrenbezeigungen. Vor dem ganzen Volk wird ihm wegen der durch ihn ganz allein eroberten Stadt Coriolus der Zuname Coriolanus gegeben. Die ganze Armee ruft:

Es lebe Cajus Martius Coriolanus!

Coriolan. Ich will gehn und mich waschen, damit ihr sehen könnt, ob ich errötet bin oder nicht. Dem sei wie ihm wolle, ich danke euch

(Coriolan bittet sich zur einzigen Belohnung aus daß man einem armen Mann in Coriolus der ihm freundlich begegnet, als er ehmals durchgereist, die Freiheit schenken möge)

Comenius. Wohl gebeten. Wär' es der Mörder meines Sohns, er soll frei sein wie der Wind. Gib ihn los Lartius

Lartius. Seinen Namen Coriolan

Coriolan. Beim Jupiter vergessen! Mein Gedächtnis, mein Gedächtnis! habt ihr keinen Wein hier

Comenius. Laßt uns ins Lager gehn, das Blut trocknet auf Eurer Stirn, es ist Zeit, daß wir nach den Wunden sehn

Lager der Volsker.

Aufidius blutig, mit einigen Soldaten.

Aufidius. Fünfmal Martius hab ich mit dir gefochten und alle fünfmal hast du mich überwunden, und würdst es tun, glaub ich, föchten wir so oft zusammen als wir essen

Ein Soldat. Er ist der Teufel

Aufidius. Kühner, aber nicht so verschmitzt. Meine

Tapferkeit ist vergiftet, zernichtet durch ihn. Weder Schlaf noch Heiligtum noch Priester noch Opfer noch Tempel können meinen Haß jetzt besänftigen. Wo ich ihn finde, wär's in meinem Hause, wär's in meines Bruders Bett, wider Gastfreiheit Eid Gewissen alles will ich meine Hände in seinem Herzen waschen –

Shakespears Geist

Ein Monologe

Der Schauplatz das Theater zu London. Die Kulissen mit einer Reihe Bogen bemalt, aus der eine unzählige Menge Köpfe hervorguckt. Im Grunde die spielenden Personen der Gespensterszene in Hamlet. Garrick spielt. Shakespear tritt herein.

Wie? welche Menge? welche Stille?
Als wären's Geister. Welche Grille
Bezaubert diese tausend Köpfe?
Ich?
Mein Hamlet? Mein Stück!
Welch ein unerwartetes Glück!
Hamlet vor mir!
Gott! – Schafft dein Schicksal
Menschen nach? Realisiert
Was ich in unvergeßlichen Stunden
Durchgezittert, durchempfunden
In meiner Seele aufgeführt?
O welch Herablassen! deinem Affen
Würdigst du Vater! nachzuerschaffen. –

Meine Shakespears! Ihr schenkt mich mir wiederum,
Liebes, liebes Publikum.
Guckt nur! bis ihr seht was ich sah
Als die Offenbarung mir geschah.
Bis Euer Puls so fliegt, euer Leben erhitzt
So das Augenlid schwingt, bis euer Auge blitzt
Voll unaussprechlicher Verlangen
Die sich Luft machen auf den Wangen.
O ihr alle Shakespears an diesem Abend, alle
Meine Kinder! meine Widerhalle!

Bleibt nur den Abend so – darnach laß ich euch los,
Darnach werd't ihr wieder gewaltig und groß,
Seht hinaus über mich, könnt wider mich schreien
Könnt mir ins Angesicht speien
Kritik, Galle, Zorn,
Könnt, mich zu höhnen
Mich krönen
Mit Dorn,
Könnt ihr armen Ehrgeizigen
Meinethalben mich kreuzigen:
Hatte mein Gott, dessen Erdenkloß
Ich nur bin doch kein besser Los,
Hat euch doch ewig selig gemacht
Da ich euch nur um zwei Stunden gebracht.

Bleibt die zwei Stunden nur so – liebe Ichs
Liebe Shakespears! – Gott! wie beseligt mich's
Dies *Dein* Gefühl, Urquell aller Gaben!
Menschen mich mitgeteilt zu haben.

Diese zwei Stunden nur – genug! –
Nun zu Gott zurück mein Flug!
(Verschwind't.)

Zur Textgestalt

Der Text der vorliegenden Aufsätze und Übersetzungen folgt den Erstdrucken:

Anmerkungen übers Theater nebst angehängten übersetzten Stück Shakespears. Leipzig, in der Weygandschen Buchhandlung 1774.

Über die Veränderung des Theaters im Shakespear. In: Flüchtige Aufsäzze von Lenz. Herausgegeben von Kayser. Zürich, Verlegts Joh. Caspar Füeßly, und in Commißion bey Heinrich Steiner und Comp. in Winterthur 1776. S. 86–95.

Das Hochburger Schloß. In: Teutscher Merkur 1777. II, S. 16–29. (Aprilnummer.)

Vertheidigung des Herrn W. gegen die Wolken von dem Verfasser der Wolken. o. O. 1776.

Coriolan, ein Trauerspiel von Shakespear. In: Gesammelte Schriften. Hrsg. von Franz Blei. Bd. 3. München und Leipzig 1910. S. 411–448.

Dieser Druck wurde mit der Handschrift des Goethe- und Schiller-Archivs Weimar verglichen.

Shakespears Geist ein Monologe. In: Gesammelte Schriften von J. M. R. Lenz. Hrsg. von Ludwig Tieck. Bd. 3. Berlin 1828.

Emendationen nach dem genaueren Abdruck der seit dem zweiten Weltkrieg verschollenen Handschrift in: Gedichte von J. M. R. Lenz. Mit Benutzung des Nachlasses Wendelins von Maltzahn. Hrsg. von Karl Weinhold. Berlin 1891.

Die Orthographie wurde, unter Wahrung des Lautstands, behutsam modernisiert, die Interpunktion jedoch historisch belassen. Ausgenommen davon ist eine gewisse Normalisierung der Satzzeichen nach den Sprechern und Regiebemerkungen in den Übersetzungen.

Literaturhinweise

Ausgaben

Gesammelte Schriften. Hrsg. von Franz Blei. 5 Bde. München/Leipzig 1909–13.

Werke und Schriften. Hrsg. von Britta Titel und Hellmut Haug. 2 Bde. Stuttgart 1966–67.

Gesammelte Werke in vier Bänden. Mit Anm. hrsg. von Richard Daunicht. Bd. 1. München 1967. [Mehr nicht ersch.]

Werke und Briefe in drei Bänden. Hrsg. von Sigrid Damm. München 1987.

Werke. Hrsg. von Friedrich Voit. Stuttgart 1992.

Forschungsliteratur

Boetius, Henning: Der verlorene Lenz. Auf der Suche nach dem inneren Kontinent. Frankfurt a. M. 1985.

– Jakob Michael Reinhold Lenz. In: Grimm, Gunter E. / Max, Frank Rainer (Hrsg.): Deutsche Dichter. Leben und Werk deutschsprachiger Autoren. Bd. 4: Sturm und Drang, Klassik. Stuttgart 1989 [u. ö.]. S. 175–188.

Damm, Sigrid: Vögel, die verkünden Land. Das Leben des Jakob Michael Reinhold Lenz. Berlin/Weimar 1985.

Hohoff, Curt: Jakob Michael Reinhold Lenz in Selbstzeugnissen und Bilddokumenten. Reinbek bei Hamburg 1977 [u. ö.].

Inbar, Eva Maria: Shakespeare in Deutschland. Der Fall Lenz. Tübingen 1982.

Martini, Fritz: Die Einheit der Konzeption in J. M. R. Lenz' »Anmerkungen übers Theater«. In: Jahrbuch der Deutschen Schillergesellschaft 14 (1970) S. 159–182.

Morton, Michael: Exemplary Poetics. The Rhetoric of Lenz's »Anmerkungen übers Theater« and »Pandaemonium Germanicum«. In: Lessing Yearbook 20 (1988) S. 121–151.

Pausch, Holger A.: Zur Widersprüchlichkeit in der Lenzschen ›Dramaturgie‹. Eine Untersuchung der »Anmerkungen übers Theater«. In: Maske und Kothurn 17 (1971) H. 2. S. 97–108.

Rector, Martin: Anschauendes Denken. Zur Form von Lenz' »Anmerkungen übers Theater«. In: Lenz-Jahrbuch 1 (1991) S. 92–105.

Schöne, Albrecht: Säkularisation als sprachbildende Kraft. Studien zur Dichtung deutscher Pfarrersöhne. Göttingen ²1968. S. 92 bis 138.

Schwarz, Hans-Günther: Lenz und Shakespeare. In: Jahrbuch, Deutsche Shakespeare-Gesellschaft West (1971) S. 85–96.

Winter, Hans-Gerd: J. M. R. Lenz. Stuttgart 1987. (Sammlung Metzler. 233.)

Nachwort

In der Geschichte des deutschen Dramas beginnt mit dem Werk von J. M. R. Lenz ein Umbruch. Unter dem Einfluß Shakespeares entsteht ein neuer Dramentyp, indem Lenz die dramatische Form seines Vorbilds in einen bürgerlichen Rahmen fügt. Diese Umformung bleibt seine von Büchner bis Brecht wirkende große Leistung.

Die *Anmerkungen übers Theater* (1771, gedr. 1774) gehören mit Goethes Vortrag *Zum Shäkspears Tag* (1771) und dem *Shakespeare*-Aufsatz Herders (1773) zu den wesentlichen Dokumenten der Shakespeare-Verehrung des Sturm und Drang. Der Versuch, einen programmatischen Standpunkt aufzuzeigen, von dem aus sich ein neues deutsches Drama begründen läßt, unterscheidet jedoch die *Anmerkungen übers Theater* von diesen Schriften. Lenz setzt sich mit den tradierten dramatischen Modellen auseinander, um daraus dialektisch einen Gegenentwurf zu formulieren. Diesem fehlt die lineare und systematische Entwicklung anderer Dramaturgien. An ihre Stelle sind selbständige Gedankeneinheiten gesetzt, die der Mannigfaltigkeit der Lenzschen Ideen besser entsprechen. Die eigenwillige Art der Darbietung ist ebenso vom Genieton und der Gesprächshaltung des Autors bestimmt, der seine *Anmerkungen übers Theater* vor der Straßburger Société de Philosophie et de Belles-Lettres vortrug. Auch erklärt die mehrmalige Überarbeitung des Manuskripts einige Ungereimtheiten des Druckexemplars.

Im Mittelpunkt der Lenzschen Argumentation steht die Auseinandersetzung mit der *Poetik* des Aristoteles, die noch von Lessing für allgemeingültig und unverrückbar erklärt worden war. Ihre Zurückweisung gründet sich keinesfalls auf die so oft proklamierte antiautoritäre Haltung von Lenz und der Sturm-und-Drang-Bewegung, sondern auf eine grundsätzlich veränderte Auffassung von Dichtung und ihrer Entstehung, die Lenz deutlich von seinen Zeitgenossen absetzt.

Lenz postuliert zwei Quellen der Kunst: Nachahmung und

Betrachtung der Natur, was einerseits als Widerspiegelung und anderseits als Erkenntnis der Wirklichkeit verstanden werden kann. Sein Zurückspiegeln der Wirklichkeit deckt sich in keiner Weise mit dem Begriff der Nachahmung, wie ihn Aristoteles definierte und wie er von den französischen Klassizisten wiederbelebt wurde. Der individuelle »Gesichtspunkt«, mit dem das Genie den Gegenstand durchschaut und zurückspiegelt, wird jetzt zum entscheidenden Kriterium des künstlerischen Schaffens. Das Genie selbst erscheint nicht mehr, wie noch bei Lessing, als gottähnlicher Schöpfer, dem die Vereinigung von empirischer und ästhetischer Wirklichkeit gelingt. Anstelle der alten idealistischen Totalität setzt Lenz eine subjektive Weltsicht, die unter einem bestimmten Blickwinkel nachbildet und gerade so das Wesentliche zu erfassen meint. »Dasein und Realität« des dichterischen Kunstwerks liegen nun im Charakteristischen und nicht mehr im Idealischen. Indem Lenz eine Deckung von Idealem und Realem verneint, löst er sich von der Ästhetik des Klassizismus und weist den Weg zu neueren Tendenzen in der Literatur, die sich durch ein Versagen vor dem Objektiven charakterisieren. Lenz erweist sich damit als Wegbereiter einer modernen Form des Realismus.

Die subjektive Perspektive, unter welcher der dichterische Schaffensprozess gesehen wird, unterminiert die mechanisch-objektivierenden Ansprüche der aristotelischen Dramentheorie. Der eigentliche Widerspruch folgt jedoch wiederum aus der kritischen Position von Lenz, der als erster die aristotelischen Lehren nach ihrem historischen Stellenwert untersucht. Lenz antizipiert somit einen Zentralgedanken moderner Kritik, die von der geschichtlichen Wirkung eines Textes auf einen geschichtlichen Leser ausgeht.

Betont Aristoteles in der Tragödie die Handlung gegenüber den Charakteren, so dreht Lenz das Verhältnis um. Lenz sieht im »Charakter der handelnden Personen den Grund ihrer Handlungen«. Damit bricht er mit dem Prinzip der Nachahmung vom Schicksal des Menschen, wie es von Aristoteles gefordert und von den Franzosen imitiert wurde.

Das Lenzsche Kausalverhältnis von Charakter und Handlung eröffnet moderne Perspektiven der Weltauffassung. Es bedeutet aber zugleich ein entschiedenes Abweichen vom dramatischen Schicksalsbegriff, wie er noch von Herder für das griechische und Shakespearische Drama anerkannt wird. Der Widerspruch zwischen griechischem Schicksalsglauben und einer neuen Betonung der moralischen Freiheit des Individuums formt ebenso den Kern der Dramaturgien von Beaumarchais und besonders Mercier. Eine Abhängigkeit von Merciers *Du Théâtre*, die man so oft glaubte festzustellen, ist jedoch nicht gegeben. In der Verknüpfung des Theaters mit seiner geschichtlichen Umwelt bestärkt Lenz einen wesentlichen Gedanken von Herders *Shakespeare*-Aufsatz. Bei den Griechen ist, wie er feststellt, jedes Geschehen vom Fatum abhängig gemacht; aus diesem Grund können die Charaktere nie zu selbstbestimmenden Handlungsträgern werden.
Den Menschen als Hauptgegenstand der Nachahmung entdeckt Lenz im Werk Shakespeares. Dort ist, wie Lenz bemerkt, der Held Schöpfer aller Begebenheiten und Lenker seines eigenen Schicksals. Aufgrund seiner Menschendarstellung wird Shakespeare zum Gegenmodell der traditionellen Normpoetik. Die »Genauigkeit und Wahrheit« seiner Darstellung begründet Lenz mit der »Mannigfaltigkeit der Charaktere und Psychologien«. Ihr schreibt er die Wirkung der Dramen Shakespeares zu. In solchen Beobachtungen wird der Grundstein für ein realistisches deutsches Theater gelegt, auf dem psychologisch glaubhafte Individuen in wirklichkeitsnahen Situationen agieren.
Die Erkenntnis der historischen Bedingtheit von Aristoteles' Theorie führt zur Aufhebung ihrer Regelzwänge. Die allumfassende aristotelische Einheit der Handlung wird dynamisch kontrastiert mit einer »Reihe von Handlungen, die wie Donnerschläge aufeinanderfolgen, eine die andere stützen und heben, in ein großes Ganzes zusammenfließen müssen, das hernach nichts mehr und minder ausmacht, als die Hauptperson, wie sie in der ganzen Gruppe ihrer Mithändler hervorsticht«. Lenz hat den Aristoteles entgegengesetzten Pol

erreicht: die Fabel erwächst aus den Charakteren. Nicht die Fabel bildet das Strukturgesetz des Dramas, sondern der Charakter. Anstelle der äußeren Einheit tritt mit der Ausrichtung auf eine Hauptperson ein innerer Konnex. Die Umwandlung der aristotelischen Handlungsdefinition zu »fabula est una si circa unum sit« schließt eine Bewegung ab, die mit Johann Elias Schlegel begann. In seiner *Vergleichung Shakespeares und Andreas Gryphs* sieht er, wie unabhängig von ihm Bodmer, den Charakter als das Wesentliche der Tragödie. Lessings Bemerkungen zum Charakter im historischen Drama schließen sich dieser Argumentation an. Aber die eigentliche theoretische Begründung, sowie die Einengung des Formtypus auf eine einzige Zentralgestalt, erfolgt erst durch Lenz. Der Vorrang des Charakters vor dem Geschehen erscheint als logische Folgerung des Sturm-und-Drang-Wunsches, Menschen auf der Bühne zu sehen.

Die aristotelische Dramaturgie setzt ein genau festgelegtes Kontrastverhältnis zwischen Tragödie und Komödie voraus. Eine Veränderung der Tragödie, wie sie Lenz vornimmt, hat daher radikale Auswirkungen auf die Komödienform. Eine vollständige Umkehrung des Verhältnisses von Komödie und Tragödie ist die Folge: »Die Hauptempfindung in der Komödie ist immer die Begebenheit, die Hauptempfindung in der Tragödie ist die Person, die Schöpfer ihrer Begebenheiten.« Eine zweitausendjährige Tradition wird hier angegriffen. Die Zuordnung der Begebenheit zur Komödie impliziert mehr als nur eine entschiedene Abwendung von der vorherrschenden Typen- bzw. Charakterkomödie des 17. und 18. Jahrhunderts. Die Komödie wird jetzt als Handlungsdrama gesehen. Karl Guthke erklärt das Wesen der Lenzschen Tragikomödie aus dieser Änderung der Struktur. Die Komödie kann jetzt Schattierungen annehmen, welche der Tragödie näherstehen. Gesellschaftspolitische Gegebenheiten, soziale Konstellationen werden zu ihren Hauptthemen, wie in den *Soldaten* und im *Hofmeister.*

Mit Recht stehen die Gattungsdefinitionen im Mittelpunkt einer jeden Diskussion der *Anmerkungen übers Theater.* Sie dürfen jedoch nicht den Blick für die vielen verstreuten Äußerungen trüben, die Shakespeare und die Form seines Dramas ebenso in neue Zusammenhänge stellen. In den Bemerkungen zur Shakespearischen Kompositionsweise versucht Lenz eine Formalgliederung zu beweisen, in der jeder Teil eine sinnvolle ästhetische Funktion erfüllt. Damit wird Shakespeare zum erstenmal als bewußter Kompositionskünstler gesehen. Es ist also eine Revision der noch immer vorherrschenden Meinung geboten, daß der Sturm und Drang allein die »Regellosigkeit« Shakespeares bewunderte. Erste Hinweise auf ein ästhetisches Verständnis Shakespeares finden sich bereits in Gerstenbergs Schrift *Briefe über Merkwürdigkeiten der Literatur.* Wie sehr Lenz die Shakespearekritik der Romantik vorbereitet, zeigen die weiteren von uns abgedruckten Aufsätze, in denen er Wirkung und Mechanismus der Shakespearischen Illusion aus der Kunstform der Dramen erklärt. Keiner der Zeitgenossen von Lenz hat so deutlich wie er die Vorbereitung dramatischer Effekte durch sprachliche und szenische Mittel erkannt.

Eine ähnliche Ausnahmestellung beanspruchen die Shakespeare-Übersetzungen von Lenz, denn der Sturm und Drang war der Übersetzertätigkeit wenig zugeneigt. Verglichen mit dem Aufsehen um die übrigen deutschen Shakespeareübersetzer von Wieland bis Schaller, ist Lenz unbeachtet geblieben. Ein Grund dafür mag sein, daß nur *Amor vincit omnia* für die Bühne gedacht war, wo es erst in diesem Jahrhundert seine Erstaufführung erlebte (Berlin, Deutsches Theater 1936). *Coriolan* (1775) ist Fragment geblieben. Nur Szenen, in denen Coriolan auftritt, werden ausführlich wiedergegeben. Die Übersetzung scheint die in den *Anmerkungen übers Theater* getroffene Unterscheidung zwischen Komödie und Tragödie beweisen zu wollen: »Meiner Meinung nach wäre immer der Hauptgedanke einer Komödie eine Sache, einer Tragödie eine Person.«

Amor vincit omnia, die Übersetzung von *Love's Labour's Lost*, ist die erste Bearbeitung dieser Komödie in deutscher Sprache und auch der erste Versuch, ein Shakespeare-Stück vollständig wiederzugeben. Daß sie bei Wieland fehlt, mag ein Grund für Lenz' Wahl gewesen sein. Doch dürfte eher die Rousseauische Gedankenwelt der Komödie – der mit viel Ironie dargestellte Sieg der Natur über die künstliche Hofwelt – Lenz zur Übersetzung bewogen haben. Der Konflikt zwischen beiden Seiten wird von Shakespeare hauptsächlich mit Mitteln der Sprache dargestellt. Dies wurde auch von Lenz erkannt, wie seine Ankündigung der Übersetzung in den *Anmerkungen übers Theater* bezeugt. Dennoch zeigt die oft kritisierte Prosaform, daß Lenz nicht in der Lage war, Shakespeares Werke als Einheit von Form und Idee zu erfassen. Während die Diktion sich durch Anschaulichkeit und Knappheit auszeichnet, verfehlt Lenz vollkommen die verschiedenen Stilebenen des Stücks. Besonders die Hofsprache mit all ihren Euphemismen vermißt man in der mehr auf das Derb-Komische ausgerichteten Bearbeitung von Lenz. Sowohl die Tatsache der Prosafassung als auch der volkstümliche Ton spiegeln die Zeitgebundenheit der Übersetzung. Lenz vermochte nicht, sich der seit Diderot und Mercier geltenden Forderung nach Prosa im Drama zu entziehen. Deshalb gibt er nur die im Original eingestreuten Sonette und Gedichte in Versen wieder. Dieser durch den Zeitgeist bedingte Eingriff in die Sprachgestalt Shakespeares läßt jedoch Aufbau und Personen unangetastet. Größere Auslassungen und Abweichungen sind auf die Benutzung der Pope-Ausgabe, der damals einzigen umfassenden Edition, zurückzuführen. Lenz ist also in zweifacher Hinsicht – Sprachform und Textgrundlage – an die Darstellungsmöglichkeiten seiner Zeit gebunden.

Trotz aller philologischen Fehler darf der Fortschritt von Lenz gegenüber Wielands Übersetzungsmethoden nicht übersehen werden. Wieland wendet bei seinen Übersetzungen Kritik an. Von französischem Geschmack geleitet, erklärt er viele Stellen in Anmerkungen für roh, unübersetzbar oder überhaupt der Übersetzung nicht wert. Bei Lenz fehlt diese Kritik. Damit sind die Weichen zur texttreuen Übersetzung, wie sie die Romantik liefern sollte, gestellt.

Das antizipierende Moment muß als herausragendes Kennzeichen des Werkes von J. M. R. Lenz festgehalten werden. Der Einfluß Shakespeares entzündet in Lenz einen schöpferischen Prozeß, der ihn zu einer der eigenwilligsten und genialsten Figuren der deutschen Literatur macht. Daß Lenz trotzdem noch immer verkannt wird, ist den Nachwirkungen einer voreingenommenen Kritik zu verdanken, die sich mit dem unreflektierten Urteil »Shakespeare-Nachahmer« begnügte.

Inhalt

Dramen des Sturm und Drang

IN RECLAMS UNIVERSAL-BIBLIOTHEK

Heinrich Wilhelm von Gerstenberg, Ugolino. Mit einem Anhang und einer Auswahl aus den theoretischen und kritischen Schriften. Hrsg. v. Ch. Siegrist. 158 S. UB 141

Johann Wolfgang Goethe, Clavigo. Nachw. v. H. Bachmaier. 69 S. UB 96 – Götz von Berlichingen. 112 S. UB 71 – Stella. Nachw. v. H. Bachmaier. 64 S. UB 104 – Der Urfaust. Eingel. v. R. Petsch. 71 S. UB 5273

Friedrich Maximilian Klinger, Sturm und Drang. Mit einem Anhang zur Entstehungs- und Wirkungsgeschichte. Hrsg. v. J.-U. Fechner. 173 S. UB 248 – Die Zwillinge. Nachw. v. K. S. Guthke. 79 S. UB 438

Johann Anton Leisewitz, Julius von Tarent. Hrsg. v. W. Keller. 119 S. UB 111

Jakob Michael Reinhold Lenz, Der Hofmeister oder Vorteile der Privaterziehung. Nachw. v. K. S. Guthke. 92 S. UB 1376 – Die Soldaten. Nachw. v. M. Windfuhr. 64 S. UB 5899

Friedrich Schiller, Kabale und Liebe. 128 S. UB 33 – Die Räuber. Mit einem Nachwort. 168 S. UB 15 – Die Verschwörung des Fiesko zu Genua. 120 S. UB 51

Heinrich Leopold Wagner, Die Kindermörderin. Im Anhang: Auszüge aus der Bearbeitung von K. G. Lessing (1777) und der Umarbeitung von H. L. Wagner (1779) sowie Dokumente zur Wirkungsgeschichte. Hrsg. v. J.-U. Fechner. 174 S. UB 5698

Interpretationen: Dramen des Sturm und Drang. 7 Beiträge. 252 S. UB 8410

Philipp Reclam jun. Stuttgart

J. M. R. Lenz

IN RECLAMS UNIVERSAL-BIBLIOTHEK

Anmerkungen übers Theater. Shakespeare-Arbeiten und Shakespeare-Übersetzungen. Herausgegeben von Hans-Günther Schwarz. 142 S. UB 9815

Erzählungen. Zerbin. Der Waldbruder. Der Landprediger. Herausgegeben von Friedrich Voit. 165 S. UB 8468

Der Hofmeister oder Vorteile der Privaterziehung. Komödie. Mit einem Nachwort von Karl S. Guthke. 104 S. UB 1376 – dazu *Erläuterungen und Dokumente*, herausgegeben von Friedrich Voit. 183 S. UB 8177

Die Soldaten. Komödie. Mit einem Nachwort von Manfred Windfuhr. 79 S. UB 5899 – dazu *Erläuterungen und Dokumente*, herausgegeben von Herbert Krämer. 88 S. UB 8124

Werke. Herausgegeben von Friedrich Voit. 604 S. UB 8755

Philipp Reclam jun. Stuttgart